Wettbewerbsfähige Nachhaltigkeit durch Fortschritt statt Verzicht

Plädoyer für einen menschenfreundlichen, technologieoffenen und optimistischen Diskurs über die Zukunft

Herausgegeben von
Stefan Bornheim und Frederik Sonner

Investors Publishing, Buchverlag Frankfurt/Main

Sämtliche Angaben in diesem Werk erfolgen trotz sorgfältiger Bearbeitung ohne Gewähr. Eine Haftung der Autoren bzw. Herausgeber und des Verlags ist ausgeschlossen.

1. Auflage

Wirtschaftsbuchverlag der Investors Voice Media AG,
Kennedyallee 47, 60596 Frankfurt/Main, Deutschland.
Im Eigenverlag realisiert und vertrieben durch die
INSCRIPT GmbH, Kohlmarkt 8–10, 1010 Wien, Österreich,
info@inscript.at, www.inscript.team, 0800 400 30 77
ISBN 978-3-200-09845-9

CERTIFIED cradletocradle SILVER

Inhaltsverzeichnis

Prolog:

Warum Nachhaltigkeit? Ein Plädoyer für Wettbewerbsfähigkeit und Wohlstand

Von Stefan Bornheim und Frederik Sonner*

„Ein zuverlässiges Mittel, um Menschen an Unwahrheiten glauben zu lassen, ist die häufige Wiederholung, denn Vertrautheit ist nicht leicht von Wahrheit zu unterscheiden.“

(Daniel Kahneman)

Die vielleicht größte Herausforderung, mit Wandel im Allgemeinen und Klimawandel im Spezifischen umzugehen, liegt wohl darin, dass Ursache-Wirkungs-Zusammenhänge oft nicht so linear oder monokausal sind, wie sie erscheinen mögen oder wir es uns vielleicht wünschen. Umso wichtiger ist deshalb, dass unser gemeinschaftliches „Sensemaking“ (im Karl Weick'schen Sinne) über diese Phänomene in nachvollziehbaren Bahnen geschieht und die gewonnenen Erkenntnisse geteilt werden. In diesem Sinne soll dieser Sammelband denn auch keinen vollständigen ökonomischen Kanon zur Nachhaltigkeit vorgaukeln und nicht einmal „laut“ oder „repetierend“ im Kahneman'schen Sinne sein, sondern Niklas Luhmann folgend Kommunikation und Diskurs ermöglichen.

Der Begriff „Nachhaltigkeit“ dominiert in den vergangenen zehn Jahren neben Begriffen wie „Digitalisierung“ und „Künstliche Intelligenz“ sowohl politische als auch ökonomische und gesellschaftliche Debatten, vor allem in Deutschland und Europa.

*Stefan Bornheim und Frederik Sonner sind Partner der Unternehmensberatung TSBC GmbH in München.

Anders als bei anderen Makrotrends, die beschreibend vorgetragen werden und zu denen man in unterschiedlicher Art Stellung beziehen kann, insinuiert der öffentliche Diskurs beim Thema Nachhaltigkeit aber, dass es moralisch alternativlos sei, diese anzustreben beziehungsweise, dass man sein Handeln als Bürger und Unternehmen primär auf Nachhaltigkeit auszurichten habe.

Aufgrund dieser großen Bedeutung des Konzepts der Nachhaltigkeit für die praktische Gestaltung unseres Lebens lohnt es sich zu reflektieren, woher der Begriff stammt und was wir heute darunter verstehen: Der Begriff der Nachhaltigkeit stammt ursprünglich aus der Forstwirtschaft, findet erstmals Verbreitung im 18. Jahrhundert und bezeichnet die „nachhaltende Nutzung von Wäldern", genauer den Umstand, dass einem Wald nur so viel Holz entnommen werden soll, dass er sich wieder regenerieren kann.

Heute wird das Label „nachhaltig", ähnlich wie „Bio", inflationär und oft missbräuchlich verwendet, aber in der volkswirtschaftlichen Diskussion geht es – ganz gemäß dem forstwirtschaftlichen Ursprung des Konzepts – beim „Umbau zu einer nachhaltigen Ökonomie" auch heute darum, dass man versucht, Ressourcen so zu nutzen, dass ein Verlust von Wohlstand und Lebensqualität verhindert werden kann und unsere Umwelt keine irreparablen Schäden davonträgt. Zu einem moralischen Gebot wird nachhaltiges Handeln in diesem Sinne aber erst in der Verknüpfung mit menschlichem Wohlergehen: Dass sich der Wald wieder regeneriert, ist nur anzustreben, damit man diesen langfristig und über Generationen hinweg nutzen kann, sodass die eigene Lebensgrundlage und die der nachfolgenden Generationen gesichert ist. Der Aspekt, dass Nachhaltigkeit kein Wert an sich ist, sondern lediglich Mittel zum Zweck, um Wohlstand zu sichern, wird in der heutigen Debatte insbesondere im deutschsprachigen Raum oft ausgeblendet.

Als Menschen wollen wir, dass unsere Lebensgrundlagen gesichert sind und wir nach Selbstverwirklichung streben können; und natürlich wünschen wir uns, dass es unseren Kindern mindestens so gut wie uns, aber im Idealfall noch besser gehen wird. Das Ziel der Nachhaltigkeit ergibt ethisch nur in diesem Kontext Sinn.

„Es mögen Fische sterben oder Menschen, das Baden in Seen oder Flüssen mag Krankheiten erzeugen, es mag kein Öl mehr aus den Pumpen kommen und die Durchschnittstemperaturen mögen sinken oder steigen: Solange darüber nicht kommuniziert wird, hat dies keine gesellschaftlichen Auswirkungen."
(Niklas Luhmann)

Klimaschutz ist eines von 17 Nachhaltigkeitszielen der Vereinten Nationen (UN), dominiert aber die Nachhaltigkeitsdebatte in Deutschland fast ausschließlich. Der Klimafokus ist oft verbunden mit der Forderung nach Verzicht als probatestem Mittel, um eine nachhaltige Ressourcennutzung sicherzustellen. Diese Ausprägung der Debatte empfinden wir nicht nur als befremdlich verengt, sondern auch als wenig zielführend im Hinblick auf die eigentliche Bedeutung und Zielsetzung von Nachhaltigkeit.

Verzicht führt zunächst zur Senkung der individuellen Lebensqualität und des eigenen Wohlstands und in der volkswirtschaftlichen Ableitung in einem ebenfalls immer öfter als valide Option für Umweltschutz eingeführten „De-Growth"-Szenario auch zu signifikantem Wohlstandsverlust der Gesellschaft. Gänzlich absurd wird dieser Vorschlag im Kontext einer globalisierten Weltökonomie, in der die Mehrheit aller Staaten und Menschen vor allem nach Wohlstandsgewinn und vielfach auch erst einmal nach Armutsbekämpfung strebt. In diesem Kontext würde Verzicht Nachhaltigkeit geradezu verhindern und die Folgekosten ungerecht verteilt werden.

Der hier vorgelegte Sammelband plädiert deshalb aus unterschiedlichsten Perspektiven für eine „wettbewerbsfähige Nachhaltigkeit". Die sogenannte „Green Transition" unserer Wirtschaftslandschaft kann und sollte primär als Chance für wirtschaftliches Wachstum und Wohlstandsgewinn verstanden werden, ja als konkrete Gelegenheit für die deutsche und europäische Industrie, sich einen neuen Wettbewerbsvorteil zu erarbeiten. Alternativ zum kurzsichtigen Verzicht kann Ressourcenknappheit in diesem Sinne begegnet werden mit technologischem Fortschritt und dem Erschließen von Alternativen. Mangel und Knappheit verbunden mit dem Wunsch, Lebensqualität für uns und unsere Nächsten zu maximieren, sind seit jeher Auslöser und Antrieb für technologischen und gesellschaftlichen Fortschritt.

Es ist unsere feste Überzeugung, dass der Mensch sich der Herausforderung von Ressourcenknappheit und der Erhaltung einer lebenswerten Umwelt stellen muss. Dieser Herausforderung begegnet unsere Gesellschaft am besten, indem wir uns jetzt kompromisslos auf Technologie und Fortschritt fokussieren, damit die Armut in der Welt verringert werden kann und unser künftiger und der Wohlstand nachfolgender Generationen größer ist als unserer heute. Als global agierendes Unternehmen sehen und erleben wir, dass das Wachstum in Amerika und Asien heute vielfach von genau diesem Gedanken und dieser Hoffnung getragen wird, während in Deutschland Verzichtsdebatten und Verbote den Umbau zu einer nachhaltigeren Lebensweise eher lähmen als beflügeln.

Viele Traditionen und auch Athleten kennen das Konzept des Verzichts im Kontext der Selbstverbesserung. Aber wie der Jesuit Anthony de Mello es formulierte: „Immer wenn Du auf etwas verzichtest, bist Du an das gebunden, worauf Du verzichtest." Vielmehr empfiehlt er, das grundlegende Verhalten zu ändern, denn nur so ließe sich der wahre Wert verstehen: Durch das Verständnis braucht man nicht zu verzichten, sondern es wird vergehen. Manche werden diese Empfehlung zum Umgang mit Verzicht als zu einfache Ableitung des Verzichts als impulsives Verhalten verstehen, aber demaskiert dies nicht genau die initiale Forderung nach Verzicht? Mit anderen Worten: Man versucht anderen die eigene Obsession zu verschreiben – deshalb appellieren wir hier gerne mit Kant im Luhmann'schen Sinne: Lasst uns aufklären (und kommunizieren), um uns aus der Unmündigkeit zu befreien, in der uns wir aufgrund der Missverstehens der Begriffe Fortschritt und Wohlstand, Nachhaltigkeit und Verzicht befinden.

Wir danken an dieser Stelle allen Autoren – allesamt Ausnahmepersönlichkeiten der deutschen Wirtschaft –, die in diesem Sammelband aus ihrer eigenen Perspektive und Erfahrung heraus aufzeigen, wie der Weg zu einer wettbewerbsfähigen Nachhaltigkeit durch Fortschritt statt Verzicht aussehen kann. Und wir hoffen, dass dieser Sammelband Anstoß sein kann für konstruktive und zukunftsgerichtete Diskussionen über Ökonomie und Gesellschaft.

Danksagung

Sehr herzlich danken möchten wir an dieser Stelle allen Beitragenden, die trotz ihres hektischen Alltags und der großen Verantwortung, die sie vielfach in den jeweiligen Unternehmen zu tragen haben, sich die Zeit zur ernsthaften Reflexion genommen haben, um an dieser Stelle einen fundierten Beitrag zur Reflexion der Möglichkeit einer wettbewerbsfähigen Nachhaltigkeit zu leisten.

Unser besonderer Dank gilt an dieser Stelle Tom Enders und Siegfried Russwurm: Ohne die intensiven Diskussionen mit diesen beiden Ausnahmepersönlichkeiten zum Thema Nachhaltigkeit und der Wettbewerbsfähigkeit der deutschen und europäischen Wirtschaft wäre die Idee zu dieser Initiative und diesem Sammelband nie entstanden.

Ein großer Dank gilt außerdem Arno Balzer, der sowohl uns als auch die Beitragenden mit seinem Erfahrungsschatz und seiner Sprachfertigkeit bei der Entstehung dieses Bandes maßgeblich unterstützt hat.

Vorwort

Nachhaltigkeit – unverzichtbar im Wettbewerb?

Von Nikolaus von Bomhard*

Für Fragen der Nachhaltigkeit gilt, was für alle Chancen und Risiken in der Gesellschaft und in Unternehmen – und natürlich auch beim einzelnen Bürger – bedeutsam ist: Sie müssen auf der Basis eines möglichst umfassenden Verständnisses aller relevanten Aspekte eingeschätzt werden, also unbedingt auch über Ressortgrenzen hinweg; und damit nicht nur vertikal, sondern auch horizontal. Allzu oft wird die Einschätzung der sehr unterschiedlichen „Risiken“ – ein Begriff, der hier immer auch die Kehrseite der Medaille, also die Chancen, mit abdecken soll – nicht von unabhängiger Seite zusammengeführt. Zudem konzentriert man sich meist auf die qualitative Beschreibung der Risiken und scheut deren quantitative Erfassung. Erst die, wo immer mögliche, Quantifizierung erlaubt auch eine zumindest annäherungsweise Abschätzung der sich ausgleichenden Risiken, also das Bestehen sogenannter Hedging-Effekte.

Befasst man sich mit „Nachhaltigkeit“, so reichen die damit verbundenen Risiken – etwa von Unternehmen – von der Gefährdung ganzer Geschäftsmodelle, etwa durch den Klimawandel, bis zu konkreten, einzelnen Schäden, wie etwa Betriebsunterbrechungen im Gefolge von Naturkatastrophen. Anders ausgedrückt reicht die Spannbreite dieser Risiken von zutiefst strategischen Fragen bis zu ganz unmittelbar wirkenden Beeinträchtigungen. Und, das sei ausdrücklich gesagt, viele der hier zu betrachtenden Risiken sind alles andere als „neu“.

*Nikolaus von Bomhard ist Vorsitzender des Aufsichtsrats der Munich Re und der DHL Group.

Zweifellos besteht beim Umgang mit Risiken, erneut am Beispiel des Klimawandels, immer wieder ein Spannungsverhältnis zwischen kurzfristigem und langfristigem Handeln. Werden die zur Verfügung stehenden Mittel auf die Beherrschung der kurzfristigen Risiken konzentriert, was den Betroffenen zunächst viel leichter zu erklären ist, geht das – da die Mittel beschränkt sind – natürlich zu Lasten des Umgangs mit den langfristigen Risiken. Die Beantwortung der Frage, inwieweit man heute Verzicht üben will, um vor allem zukünftig sehr wirksame Risiken erfolgreich einzuhegen, wird auch weiterhin dem gesellschaftlichen und politischen Diskurs zu überlassen sein.

Nicht anders verhält es sich bei den Unternehmen, die den rechten Ausgleich schaffen müssen zwischen den unterschiedlichen Interessen, also zum einen der Gesellschaft, die den Unternehmen ihr Wirken überhaupt erst ermöglicht und die lange Sicht betont, und zum anderen deren Aktionären, Kunden und Mitarbeitern, wobei man vor allem den Aktionären oft eine kurze Sicht zuschreibt. Nachdem die Herausforderungen im Kontext des Klimawandels inzwischen weit mehr Beachtung in der Gesellschaft finden, hat auch das Management dieser langfristig wirkenden Risiken heute eine ganz andere Bedeutung erfahren, was zu begrüßen ist. Bei vielen anderen Risiken ist eine so klare Positionierung der Gesellschaft oft nicht gegeben, entweder, weil man die Risiken noch gar nicht bewusst wahrnimmt, oder sie schlicht für weniger relevant hält.

Erweitert man den Blick, so kann man den Umgang mit vielen Risiken auch sehr direkt mit der Reputation eines Unternehmens in Verbindung bringen. Eine Frage, die für ganze Gesellschaften nicht so unmittelbares Gewicht erlangt, jedenfalls bis heute noch nicht. Gerade bei den Risiken für die Reputation eines Unternehmens wird aber sofort klar, dass Investitionen zur Verhinderung oder zumindest Minderung von Risiken immer auch Investitionen mit Aussicht auf „Reputationsertrag“ darstellen.

Der früher oft recht platt formulierte Gegensatz von „Mehr Gewinn oder höhere Kosten zur Beherrschung von Risiken“ hat seine Alternativlosigkeit verloren. Man kann zwar, wie schon ausgeführt, über die Frage diskutieren, inwieweit sehr unwahrscheinliche Risiken aufwendig zu mindern sind, eine Frage der jeweiligen Risikoaversion oder -präferenz, aber es ist unbestritten, dass man heute von einem bewussten, professionellen und auch Kosten erzeugenden Management der Risiken ausgeht.

Die Qualität dieses Umgangs mit Risiken hat erhebliche Auswirkungen auf die Reputation eines Unternehmens; spätestens dann, wenn sich Risiken verwirklichen, die man hätte erkennen und durch entsprechendes Management – und Aufwand – auch verhindern können. Die Bankenkrise in den Jahren 2007 und danach ist ein Beispiel aus jüngerer Vergangenheit. Auf diese Weise wird der Umgang mit allen Fragen der Nachhaltigkeit eben auch sehr unmittelbar zu einem wichtigen Baustein für die Wettbewerbsfähigkeit eines Unternehmens. Nicht umsonst wird die Verantwortung für das Thema „Nachhaltigkeit“ häufig bei der Strategieabteilung mitverantwortet, die ihrerseits meist an den Vorsitzenden der Geschäftsführung berichtet.

Die Nachhaltigkeit in der Unternehmenssteuerung ist heute unbestritten ein sehr bedeutender Aspekt der sogenannten Governance eines Unternehmens. Dies erfordert ein entsprechendes, grundlegendes Wertegerüst in den Unternehmen, dessen Ausfluss eine klare Haltung zu Fragen der Nachhaltigkeit ergibt, übrigens auch mit Auswirkungen auf die Bonusgestaltung. Gute Governance und eine verantwortungsvolle Unternehmenskultur schaffen gesellschaftliches Vertrauen und geben Unternehmen letztlich die Basis, dauerhaft erfolgreich zu wirtschaften, wenn man so will, die „social license to operate“.

Unternehmen, ja ganze Branchen haben damit zudem die Chance, die erforderliche gesellschaftliche Akzeptanz für notwendige Veränderungen zu bilden oder zu erhöhen. Dies gilt in besonderer Weise für Unternehmen, die international oder gar global agieren und daher auf sehr verschiedene Haltungen zum Thema Nachhaltigkeit in den verschiedenen Regionen der Welt stoßen. Wer Nachhaltigkeitsrisiken nicht den gebotenen Stellenwert einräumt, wird es auch international schwer haben, auf Dauer wettbewerbsfähig zu bleiben.

Stimmen Governance und Kultur mit Blick auf die Nachhaltigkeit, weil sie nicht nur kommuniziert, sondern auch spürbar gelebt werden, wirken sie auch stark identitätsstiftend nach innen. Jede Maßnahme, die diesen Stolz auf das eigene Unternehmen unterstützt, steigert auch insoweit den Wert des Unternehmens, hält es also mit Blick auf seine Mitarbeiter wettbewerbsfähig und sichert ihm seine Zukunft.

Mobilitätspolitik in Deutschland: Mit der Verkehrswende in der Sackgasse?

Von Eckhard Cordes*

Zeitenwende, Energiewende, Verkehrswende – wir leben offenbar in multiplen Wendezeiten. Und natürlich ist auch die Mobilität längst in den Wende-Sog geraten. Mobilität mag für die meisten Bürger hierzulande die Freiheit sein, sich nach eigenem Belieben im Land und in der Welt zu bewegen – zu reisen, sei es aus beruflichen oder privaten Gründen, wie man will und wohin man will.

Für viele Protagonisten der Mobilitätswende und Einflüsterer des politischen Betriebs scheint dieses Grundbedürfnis mittlerweile aber zu einer Residualgröße geschrumpft zu sein, deren Inanspruchnahme sich nach einem höheren Wert zu richten hat: dem Kampf gegen die Veränderung des Klimas. Denn Mobilität erfordert Energie. Wer mit dem Auto, der Bahn oder dem Flugzeug reist, benötigt Strom oder fossile Energieträger wie Öl oder Gas. Weil nach gängigem Erklärungsmuster Kohlenstoffdioxid (CO_2) Hauptverursacher des Klimawandels sei, so die Argumentation, müsse auch der Verkehr und mithin die Mobilität dekarbonisiert werden.

Mobilität, so lautet der neue Leitgedanke, muss deshalb dem Kampf gegen die Veränderung des Klimas untergeordnet werden. Die Bundesregierung hat diese Philosophie bereitwillig aufgegriffen und ambitionierte Ziele für die Mobilitätswende ausgegeben:

*Eckhard Cordes ist Aufsichtsratsvorsitzender des Industriedienstleisters Bilfinger und Partner bei der Investmentgesellschaft Cevian Capital.

1. Der Individualverkehr, also die Mobilität mit dem Auto, soll in den kommenden Dekaden schrumpfen. Dafür soll sich die Zahl der Fahrgäste im Öffentlichen Personen-Nahverkehr (ÖPNV) bis zum Jahr 2030 verdoppeln.

2. Und wo sich das Autofahren nicht vermeiden lässt, sollen die Menschen auf batterieelektrisch angetriebene Fahrzeuge umsteigen. Ebenfalls bis zum Jahr 2030 sollen 15 Millionen E-Autos auf unseren Straßen fahren. Nur zum Vergleich: Anfang 2024 waren es nach Angaben des Kraftfahrtbundesamtes rund 1,4 Millionen.

Möglichst emissionsfreie Mobilität hierzulande will die Bundesregierung mit ihrer Mobilitätswende schaffen. Aber sind die vielen dafür eingeleiteten Maßnahmen – von der Energiewende bis zur europaweiten Entscheidung, ab dem Jahr 2035 nur noch batterieelektrische Fahrzeuge zuzulassen und Verbrenner zu verbieten – tatsächlich auch geeignet, dieses Ziel zu erreichen?

Es ist sicherlich ein hehres Unterfangen, den Verbrauch fossiler Energien zu reduzieren, nicht zuletzt, weil Öl und Gas endlich sind und deshalb viel zu wertvoll, um sie zu verfeuern. Dennoch sind Zweifel angebracht, ob der eingeschlagene Weg überhaupt sinnvoll und effektiv ist, um einen mehr als nur homöopathischen Beitrag zu leisten. Und das liegt nicht nur daran, dass der deutsche Anteil an den globalen menschengemachten CO_2-Emissionen sehr überschaubar ist. Deutschland steht für 2% von 0,002% der man-made CO_2-Emissionen, das entspricht 0,00004% der Moleküle in der Erdatmosphäre. Eine weitere Reduzierung nutzt deshalb wenig, solange die Hauptemittenten China, Indien, USA und Russland ihre Treibhausgasemissionen zum Teil sogar noch erhöhen.

Dass die deutsche Mobilitätswende zu einem Fehlschlag zu werden droht, hat vor allem aber hausgemachte Gründe. Eine umfassende und sachlich gebotene Betrachtung und Bewertung der einzelnen Verkehrsträger fand und findet nicht statt. Mehr noch, die Politiker der Regierungsparteien meiden solche Diskussionen. Die Folge: Die deutschen und europäischen Emissionsvorschriften sind schlichtweg falsch und fehlerhaft, ihre Auswirkungen für Umwelt und Wirtschaft kontraproduktiv bis fatal.

Der Kardinalfehler der Mobilitätswende war dabei die Entscheidung der Gesetzgeber in Brüssel und Berlin, Elektrofahrzeuge als absolut sauber mit null Kohlenstoffdioxid-Emissionen zu deklarieren. Diese Entscheidung scheint politischem Wunschdenken gekoppelt mit selektiver Wahrnehmung entsprungen zu sein – mit den Fakten hat dies umso weniger zu tun. Analysen aus der Automobilindustrie deuten auf ein ganz anderes Bild hin: „Built to wheel", also in der Gesamtbetrachtung einschließlich der Herstellung des Fahrzeugs, der Batterie und des Tankens von Strom beziehungsweise Benzin oder Diesel in Deutschland, ist die CO_2-Bilanz der E-Autos schlechter als zum Beispiel die moderner Diesel oder Benziner.

Vor allem zwei in der politischen Diskussion hierzulande gerne ausgeblendete Faktoren führen zu diesem Ergebnis. So muss eine in der Regel in China produzierte Batterie rund 200.000 Kilometer absolvieren, alleine um den CO_2-Fußabdruck ihrer Herstellung auszugleichen. Und natürlich hat der Strommix, mit dem Autobatterien geladen werden, einen enormen Einfluss auf die Öko-Bilanz. In Frankreich mit dem dortigen hohen Anteil an Kernenergie und mehr noch in Norwegen, wo fast der komplette Strom mit Wasserkraft und Kernenergie erzeugt wird, mögen E-Fahrzeuge im Betrieb wenig bis kaum Emissionen verursachen. Im deutschen Energiemix mit seinem hohen Anteil an Kohleverstromung dagegen verursachen E-Autos beträchtliche Emissionen.

Der renommierte Verein Deutscher Ingenieure (VDI) ist in einer unabhängigen Studie aus dem Jahr 2023 zu dem Ergebnis gelangt, dass E-Autos der Kompaktklasse beim deutschen Strommix mindestens 90.000 Kilometer fahren müssen, bevor sie weniger CO_2 ausstoßen als Fahrzeuge mit moderner Dieseltechnologie. Würde ausschließlich grüner Strom verwendet, sinkt die Schwelle auf 65.000 km. Davon sind wir nach dem Ausstieg aus der Kernenergie hierzulande freilich weit entfernt.

In einer früheren Studie aus dem Jahr 2019 kommen die Wirtschaftswissenschaftler Hans-Werner Sinn, Christoph Buchal und Hans-Dieter Karl zu noch ungünstigeren Ergebnissen für elektrisch angetriebene Fahrzeuge. Die Experten haben die offiziellen Messdaten des Diesel- beziehungsweise des Stromverbrauchs eines Tesla Modell 3 und eines Mercedes C 220d analysiert. Dabei wurden für den Tesla der tatsächliche durchschnittliche Strommix Deutschlands aus dem Jahr 2018 sowie eine Metastudie für den CO_2-Footprint der Batteriefertigung berücksichtigt. Das ernüchternde Kernergebnis: Beim damaligen Energiemix – der heutige emittiert nur geringfügig weniger Kohlenstoffdioxid – und Stand der Batterietechnologie (die sich in der Zwischenzeit nur leicht verbessert hat) ist die CO_2-Bilanz des Elektro-Tesla schlechter als die des Diesel-Mercedes. Das Ergebnis gilt sogar bei einer Laufleistung von 150.000 km.

Zu einem ähnlichen Fazit kam Volkswagen wenig später in einem Vergleich zwischen einem E-Golf und einem Golf TDI. Bei einer Laufleistung von 200.000 km kam das Elektroauto auf einen CO_2-Ausstoß von 142 Gramm pro km, zwei Gramm mehr als der Turbodiesel. Eine Studie der angesehenen österreichischen Forschungsgesellschaft Joanneum Research vom September 2019 stützt dieses Ergebnis: Hier hat bis zu einer Laufleistung von 219.000 km das Elektroauto mehr CO_2 emittiert als der Diesel.

Für die Protagonisten der E-Mobilität sind diese Testergebnisse ein Fiasko. Man könnte fast von einem zweiten Abgasskandal sprechen, diesmal verursacht von der Politik und ihren Abgasvorschriften. Wir haben uns damit in die fast schon aberwitzige Situation manövriert, dass die Politik den Verbrennermotor zugunsten der batterieelektrischen Mobilität abschaffen will, und damit die Umwelt zumindest auf absehbare Zeit noch stärker belastet. Oder wie der Ökonom Hans-Werner einmal sinngemäß formuliert hat: Bei den E-Fahrzeugen ist der Auspuff halt nicht mehr am Auto, sondern im Kohlekraftwerk.

Es bedarf wohl eines größeren sozialpsychologischen Forschungsprojekts, um herauszufinden, warum die Entscheider in Brüssel und Berlin einen derart verengten, ja grob fehlerhaften Ansatz verfolgt haben. Zumal dann, wenn der Umwelt angeblich geholfen werden soll, also Emissionen reduziert werden sollen. Um so erfreulicher ist, dass in den Gremien der EU endlich ein gewisses Umdenken einzusetzen scheint. Demnach hat die Brüsseler Kommission vorgeschlagen, bei E-Autos künftig den CO_2-Gehalt des zum Aufladen der Batterie erforderlichen Stroms zu berücksichtigen. Entsprechend wären die Treibhausgasemissionen von batteriegetriebenen E-Fahrzeugen abhängig vom Strommix.

Ob dies tatsächlich eine Kehrtwende im Brüsseler Denken darstellt und die EU, wie manche bereits meinen, das Anfang 2023 beschlossene Verbrenner-Verbot bald wieder kippt, bleibt abzuwarten. Zumal noch nicht klar ist, wie die offiziellen Berechnungsmethoden für die Erfassung von durch E-Fahrzeuge verursachten Emissionen genau aussehen sollen. Bis Verbraucher und Autohersteller verlässliche Rahmenbedingungen haben, wird also noch einige Zeit vergehen.

Zeit, die wir eigentlich nicht mehr haben. Denn erste Kollateralschäden der Mobilitätswende sind längst eingetreten. Etliche Zulieferer der Automobilindustrie haben angekündigt, Arbeitsplätze in signifikanter Größenordnung abzubauen. Doch das ist wohl erst der Anfang. Schwerwiegender noch aus meiner Sicht ist die Strategiefalle, in die Deutschlands Automobilbranche mit den politisch vorgegebenen Emissionsvorschriften zulasten des Verbrennermotors und zugunsten des batterieelektrischen Antriebs manövriert wurde.

Die deutschen Automobilhersteller hatten sich mit ihrer 130-jährigen Entwicklungskompetenz für den Verbrennermotor am Weltmarkt eine herausragende Markt- und Wettbewerbsposition erarbeitet, ein Know-how, um das uns der Rest der Welt beneidet hat. Die neuen Anbieter aus China hätten unter normalen Umständen keine Chance gehabt, diesen Rückstand aufzuholen. Gewiss, auch Unternehmen aus vermeintlich reifen Branchen wie der Automobilindustrie müssen mit Innovationen und Produktivitätssteigerungen immer wieder ihre Pole-Position verteidigen. Mit den ebenso falschen wie unsinnigen Emissionsvorgaben aus Brüssel und Berlin wurde dieser Wettbewerbsvorteil der deutschen Hersteller aber auf einen Schlag massiv entwertet.

Die volkswirtschaftlichen Folgen könnten sich womöglich noch als dramatisch erweisen. Denn keine andere Branche ist für den Wohlstand der Menschen (und die Steuereinnahmen des Staates!) auch nur annähernd so wichtig wie die Automobilindustrie. Direkt und indirekt sorgt die Branche nach einer Bestandsaufnahme des Allensbacher Instituts für rund 2,8 Millionen Arbeitsplätze, die meisten davon sind Industriejobs mit hoher Wertschöpfung und entsprechend guter Bezahlung. Rechnet man die Familien dazu, leben rund 10 Millionen Menschen vom Auto.

Wer in einer solchen Situation in der vielleicht gutgemeinten Absicht, den Klimawandel bekämpfen zu wollen, eine faktisch falsche und widersinnige Emissionsregelung vorschreibt, definiert damit auch die Spielregeln der Automobilbranche zu Lasten von Volkswagen, Mercedes, BMW & Co. völlig neu – ohne dabei etwas für ein besseres Klima zu tun. Mehr noch, Spitzen-Knowhow der Antriebstechnik wird amtlich zum Auslaufmodell deklariert und chinesischen Herstellern der rote Teppich nach Europa ausgerollt. Denn die können im neuen, technologisch nicht gerade besonders innovativen Elektro-Umfeld ohne Rücksicht auf Lieferkettengesetz & Co. mit Unterstützung ihres Staates ihre Fahrzeuge nach Europa exportieren.

Es bleibt zu hoffen, dass aus dem Umdenken der EU vielleicht doch noch eine Verkehrswende und das Aus für den Verbrenner zurückgenommen wird. Die Automobilindustrie rückt bereits zunehmend von der E-only-Strategie ab. Nach BMW setzt nun auch Mercedes weiter auf den Verbrenner, aus ökonomischen, aber auch aus ökologischen Gründen. Dass dies richtig wäre, dürfte inzwischen auch außerhalb der Car-Community klar sein. Nur: Diesmal sollte sich die Politik nicht so viel Zeit für ihre Lernkurve nehmen. Denn die ökologischen und ökonomischen Folgen des bisherigen Kurses sind ausgesprochen teuer.

Notwendig ist ein echter Neustart – bei der ökologischen Bewertung aller Antriebsarten, aber auch bei der Mobilitätspolitik insgesamt. Die Mobilität könnte sehr viel reibungsloser laufen, wenn die Politik sich dabei auf ihre öffentlichen Aufgaben konzentrieren würde. Dazu gehören in großem Stil Investitionen in die Verkehrsinfrastruktur, die viele Jahre sträflich vernachlässigt worden ist. Dazu gehört natürlich auch eine umfassende Modernisierung des Schienennetzes der Bahn, um eine verlässliche Alternative zum Auto und zum Flugzeug zu schaffen.

Und schließlich gehört dazu der weitere Ausbau des Öffentlichen Personen-Nahverkehrs, vor allem in Ballungszentren. Denn dort könnte er am besten Wirkung entfalten, ökologisch und ökonomisch.

Und selbstverständlich gehören dazu auch eine sachgerechte und zielorientierte Regulierung und Emissionsvorgaben der individuellen Mobilität mit dem Auto. Die muss freilich anders als bisher dann auch die gesamte Emissionsbilanz aller Antriebsvarianten erfassen, von der Produktion der Fahrzeuge (einschließlich der Batterie) über den Betrieb und das Tanken von Benzin, Diesel, Gas oder Strom (mit dem realen Mix bei der Stromerzeugung) bis letztlich zum Recycling.

Die Lenkungswirkung dieser Vorgaben sollte man dann aber bitte besser dem Markt überlassen. Der Wettbewerb der Hersteller, das zeigt die Wirtschaftsgeschichte eindrucksvoll, liefert sehr viel innovativere und effektivere Lösungen auch für ökologische Probleme als staatliche Instanzen. Das sollten inzwischen auch Marktskeptiker im politischen Betrieb einsehen.

Zeitenwende in der europäischen Energiepolitik: Masterplan für eine nachhaltige, unabhängige und bezahlbare Stromversorgung

Von Jochen Eickholt*

Wohl kein anderer Bereich der Wirtschaft ist gegenwärtig derart massiven Umwälzungen ausgesetzt wie der Energiesektor. Treiber dieser Entwicklung ist vor allem der fortschreitende Klimawandel, der dazu zwingt, aus fossiler Energieerzeugung auszusteigen und auf CO_2-freie oder wenigstens CO_2-arme Stromerzeugung umzustellen. Einen zweiten Grund lieferte der Angriff Russlands auf die Ukraine, der in den Ländern des Westens eine außen- und sicherheitspolitische „Zeitenwende" auslöste, wie Bundeskanzler Olaf Scholz im Frühjahr 2022 formuliert hat. Unmittelbare Folge war die Entscheidung, die Ukraine mit Waffen zu beliefern und massiv in die Bundeswehr zu investieren. Der Krieg hat aber auch auf schockierende Weise klar gemacht, wie wichtig eine zuverlässige, weitgehend autonome, sprich: von Russland (und anderen problematischen Regimen) unabhängige Energieversorgung für uns und unsere Wirtschaft ist.

Die Vokabel von der Zeitenwende beschreibt deshalb genauso treffend auch unsere energiepolitische Lage. Anders als vor wenigen Jahren noch priorisiert die Politik heute Energiesouveränität und Klimaschutz, fordert sauber erzeugten Strom und eine zuverlässige Versorgung. Und natürlich soll Energie auch bezahlbar bleiben, für die Wirtschaft wie auch für die privaten Haushalte.

*Jochen Eickholt ist Chief Executive Officer des Windkraftanlagen-Herstellers Siemens Gamesa.

Dieses ehrgeizige Vorhaben trifft auf eine Wirtschaft, die sich seit der Corona-Krise in weiten Teilen neu sortieren musste und muss. Einst reibungslos funktionierende Lieferketten sind gestört, zum Teil gerissen. Eine weltweit florierende Arbeitsteilung mit Just-in-time-Belieferung, in den Jahren vor Ausbruch der Pandemie fast Standard, gilt mittlerweile eher als Ausnahme. Verstärkt wird dieser Effekt noch durch gestiegene ESG-Anforderungen. Die Folge: Unternehmen müssen neue Lieferantenverbindungen knüpfen, Make-or-Buy-Entscheidungen neu balancieren oder Produktion in „sichere" Regionen verlagern.

In dieser Gemengelage erfordert die Neuausrichtung unserer Energieversorgung einen wahren Kraftakt – von der Wirtschaft, von der Politik, von der gesamten Gesellschaft. Um die Mission zu einem Erfolg zu führen, müssen die beteiligten Akteure die ordnungspolitischen, technischen und wirtschaftlichen Voraussetzungen schaffen, und das unter großem Zeitdruck. So erfordert eine saubere Energieerzeugung, vorrangig durch Wind und Sonne, besondere Technologie-Kompetenzen, Herstellungskapazitäten sowie Mitarbeiterinnen und Mitarbeiter mit entsprechendem Knowhow. Genauso erforderlich sind robuste Lieferketten; eine solche stabile und verlässliche Supply Chain betrifft nicht nur fertige Turbinen, sondern auch Motoren und Komponenten bis hin zu seltenen Erden und Metallen, die nicht selten aus politisch instabilen Regionen kommen.

Wie kann es uns gelingen, eine solche zukunftsträchtige, innovative und für unsere gesamte Volkswirtschaft fundamental wichtige Energieversorgung hierzulande aufzubauen? Welche Erfolgsfaktoren sind dabei entscheidend? Und was sind uns Klimaschutz und Unabhängigkeit bei der Energieversorgung wert?

Fest steht: Die ausgegebenen Ziele sind ausgesprochen ambitioniert. Bis zum Jahr 2030 soll die Leistung von Windenergie in Deutschland mehr als verdoppelt werden, von derzeit 66 Gigawatt auf 145 Gigawatt. In den 27 Ländern der Europäischen Union (EU) sollen ebenfalls bis 2030 rund 440 Gigawatt installiert sein; bisher sind es 204 Gigawatt. Auch die USA haben sich eine Verdoppelung ihrer Windkrafterzeugung an Land, also Onshore, vorgenommen, von 140 auf 280 Gigawatt. Und die Kapazitäten auf See (Offshore) sollen dort von nahe null auf 30 Gigawatt ausgebaut werden.

Dass Windkraft in der neuen Energiewelt eine besonders herausgehobene Rolle spielen wird, ist unstrittig und liegt nicht zuletzt auch an der technologischen Entwicklung der vergangenen Jahrzehnte. Seit Inbetriebnahme des „Growian" (kurz für „Große Windkraftanlage) 1983 in Marne/Schleswig-Holstein haben sich Leistungsfähigkeit und Zuverlässigkeit dieser Anlagen gewaltig gesteigert. Der „Growian" – mit hundert Metern Nabenhöhe und hundert Metern Rotordurchmesser – war zu seiner Zeit mit einer Leistung von drei Megawatt die leistungsstärkste Windkraftanlage weltweit. Heutige Anlagen liefern nahezu dreimal so viel Energie.

Tendenz weiter steigend. Die jüngste Generation erzielt eine Leistung von 14 Megawatt. Bei diesen Windkraftanlagen handelt es sich um hochentwickelte, komplexe und ausgeklügelte Großanlagen, die aus rund 6.000 Einzelteilen zusammengesetzt ist. Die sogenannte Nacelle, ein Gehäuse, in dem unter anderem Getriebe und Generator untergebracht sind, ist so groß wie ein dreistöckiges Wohnhaus und wiegt rund 550 Tonnen. Auf den Plattformen solcher Anlagen in 170 Metern Höhe können Hubschrauber landen. Die Rotorenblätter dieser Windkraftanlagen haben eine Länge von bis zu 115 Metern – also mehr als ein Fußballplatz – und wiegen bis zu 60 Tonnen.

Sie bewegen sich mit sieben bis acht Umdrehungen pro Minute. Die Geschwindigkeit an den Flügelspitzen erreicht dabei mehr als 320 km/h – sie bewegen sich damit also schneller als ein Formel-1-Rennwagen.

In dieser Energiewelt der Zukunft ist unser Unternehmen Siemens Gamesa dafür prädestiniert, eine führende Rolle zu spielen. Wir verfügen über das dafür erforderliche Knowhow, über modernste Technologie sowie über das Mindset, das für den Aufbau eines derart neuen und globalen Geschäftsfelds unerlässlich ist. Mit einer installierten Leistung von mehr als 130 Gigawatt erzeugen Windenergieanlagen von Siemens Gamesa bereits heute saubere Energie, mit der fast 120 Millionen Haushalte versorgt werden können. Dabei sind wir der weltweite Marktführer für Windenergieanlagen auf See (Offshore). An Land (Onshore) gehören wir ebenfalls zu den Top-Playern und sind führend in wichtigen Märkten. Und wir sind Weltmarktführer in einer für unsere Kunden besonders wichtigen Disziplin: in den Verfügbarkeiten, also der Nachhaltigkeit der Installation an sich.

Siemens Gamesa ist Pionier in Innovation, Technologie und Nachhaltigkeit. Als erster Hersteller von Windenergieanlagen haben wir komplett recycelbare Rotorblätter entwickelt und installiert. Bisher mussten die Rotorblätter als Abfall entsorgt werden. Dagegen können unsere Rotorblätter, die vor allem aus Epoxid-Harzen, Glas- und Kohlefaser und Balsaholz zusammengesetzt sind, nach ihrer rund 20-jährigen Nutzung komplett in ihre Bestandteile zerlegt werden. Möglich macht das ein spezielles Säurebad, das mit wenig Energie auskommt. Wir sind damit unserem Ziel, vollständig recycelbare Anlagen auf den Markt zu bringen, um eine Kreislaufwirtschaft in der Windindustrie zu etablieren, einen großen Schritt nähergekommen. Und das ist nur ein Beispiel für die Innovationskraft, die in Siemens Gamesa, aber auch in der gesamten europäischen Windindustrie steckt.

Dass Siemens Gamesa dafür prädestiniert ist, in der neuen Energiewelt vorne mitzuspielen, mag auch daran liegen, dass wir Lernkurven gegangen sind und gehen, wie es bei der Entstehung eines völlig neuen Marktes wohl unvermeidlich ist. Wir mussten lernen, dass die Energiewelt, in der wir heute operieren, sich grundlegend von der Energiewelt der Jahre vor 2022 unterscheidet. Dazu kommt ein herausforderndes volatiles makroökonomisches Umfeld, das von Negativzinsen und Preisniveaustabilität bis hin zu Inflation und restriktiver Geldpolitik reichte. Zu diesen Lernkurven einer noch vergleichsweise jungen Branche gehört auch, dass wir bei zwei Plattformen im Onshore-Bereich bei Qualitätsthemen nachbessern müssen. Weil solche Turbinen gut 25 Jahre in Betrieb bleiben, müssen viele Verträge mit Kunden im Onshore- und im Offshore-Bereich an das neue makroökonomische Umfeld angepasst werden.

Diese Learnings ändern freilich nichts an den ausgesprochen positiven Potenzialen für unser Geschäft. Sie haben uns allerdings veranlasst, interne Prozesse anzupassen, um das Unternehmen resilienter aufzustellen, aktuelle Geschäftsrisiken also so weit wie möglich zu verringern. Wir nennen das „de-risking the business". Dabei konzentrieren wir uns aber auch auf die Optimierung und Weiterentwicklung unserer Produkte, um die bestmögliche Qualität und Leistung zu erzielen. Das heißt konkret: Dort, wo bei unseren Produkten in der Vergangenheit Probleme aufgetreten sind, maximieren wir jetzt mit geschärftem Qualitätsbewusstsein unsere Zuverlässigkeit.

Nachjustiert haben wir auch beim Projektmanagement. Bei der Abwicklung von Projekten konzentrieren wir uns darauf, Fehlerkosten zu minimieren und Best Practices in die Organisation zu tragen; wir arbeiten also konsequent an unserer „operational excellence".

Zum „de-resking“ gehört, dass wir die Erfahrungen und Lerneffekte auch dafür nutzen, die Kostensicherheit über alle unsere Produktlinien und Wertschöpfungsstufen zu erhöhen. Schließlich haben wir selbst schmerzlich erfahren müssen, dass zwischen Vertragsunterzeichnung und Projektabschluss bisher noch zu viel Zeit vergeht, in der sich wichtige exogene Parameter ändern können. Die pandemiebedingten Lieferkettenprobleme und der Angriffskrieg Russlands auf die Ukraine haben die Notwendigkeit derartiger Maßnahmen eindrucksvoll demonstriert. Beide Faktoren hatten in den vergangenen zwei Jahren dazu geführt, dass der Durchschnittspreis von Windrädern um 30 bis 40 Prozent gestiegen ist.

Um so erfreulicher ist, dass wir mit unseren Maßnahmen bereits Erfolge erzielen: Die Qualität unserer Produkte, insbesondere unserer Onshore-Produkte, verbessert sich kontinuierlich. Gleichzeitig konnten wir unsere Anlagenleistung durch standardisierte Portfolios und Schnittstellen in der Wertschöpfungskette, etwa bei Rotorblättern, optimieren. Die Kostensicherheit konnte zusätzlich auch durch an die neuen Realitäten angepasste Kunden- und Lieferantenverträge erhöht werden.

Doch wie resilient Unternehmen sich auch aufstellen mögen: Das Erreichen der ambitionierten Ausbauziele liegt nicht allein in den Händen der Windindustrie. Bremser sind vor allem die Rahmenbedingungen auf wirtschaftspolitischer und regulatorischer Seite. So sind beispielsweise Genehmigungsverfahren immer noch ein zeit- und ressourcenraubender Hindernislauf. In Deutschland vergehen von der Planung bis zur Inbetriebnahme eines Offshore-Windrads etwa sieben Jahre, an Land sind es bis zu fünf Jahre. Für die Anlagenbauer bedeutet dies unzureichende Planungssicherheit und wirtschaftliche Risiken.

Gegenwärtig stecken europaweit Windenergieprojekte mit einer Leistung von 80 Gigawatt in Genehmigungsverfahren fest – eine gewaltige Größenordnung angesichts der bisher installierten 204 Gigawatt in Europa.

Schwerwiegender noch fällt ins Gewicht, dass wir im internationalen Vergleich kein „level playing field" haben, also keinen fairen Wettbewerb. Dieser Aspekt ist vor allem deshalb relevant, weil der Markt für die Erzeugung von Windenergie noch im Entstehen ist und die vielfach noch jungen Unternehmen noch entsprechend verletzlich sind. Anders als in der Europäischen Union, wo Aufbau, Weiterentwicklung und Schutz der heimischen Industrie keinen hohen Stellenwert besitzen, haben die Politiker in den USA und in China konsequent reagiert: Sie haben diesen Wirtschaftszweig zur wichtigen strategischen Zukunftsbranche erklärt.

Und sie handeln entsprechend. Die US-Administration hat mit dem „Inflation Reduction Act" (IRA) ein großvolumiges Förderprogramm für heimische grüne Technologien aufgelegt. Die Initiative ist ausgesprochen gut gemacht: leicht verständlich, unbürokratisch und technologieoffen. Dabei setzen die Amerikaner explizit auf die Nutzung der Marktkräfte. Wer nach den Vorgaben des Programms investiert, soll anschließend damit auch Geld verdienen können, lautet die IRA-Philosophie.

Müßig zu erwähnen, dass China die Windindustrie längst zur heimischen Vorzeigebranche erklärt hat und entsprechende Programme fährt. Im Reich der Mitte wird massiv gefördert, werden Produktionskapazitäten kräftig hochgefahren. Das Land ist dank bedeutender staatlicher Förderung weltweit inzwischen der größte Markt für Windkraft.

Die Offensiven der Chinesen und Amerikaner setzen die Bundesregierung und die EU-Kommission bei ihrer Energiepolitik für Deutschland und Europa unter Handlungsdruck, wenn die drei ausgegebenen Ziele – Klimaschutz, Unabhängigkeit, Bezahlbarkeit – nicht gefährdet werden sollen. Dazu gehört, dass auch in Brüssel und den Hauptstädten der EU-Länder Windenergie als strategische Säule der Energiepolitik begriffen wird. Das bedeutet konkret: Nur wenn alle wichtigen Glieder dieser Wertschöpfungskette – von Forschung & Entwicklung bis zur Produktion, vom Knowhow der Mitarbeiter bis zum Bau wichtigen Komponenten – in Europa vorgehalten werden, kann Europa tatsächlich eine weitgehend unabhängige Energieversorgung bekommen. Um so wichtiger sind die von der Präsidentin der EU-Kommission gestarteten Aktivitäten im Rahmen des „Green Deals". Hier muss allerdings noch nachgearbeitet werden.

Zwar hat die europäische Windindustrie in den vergangenen Jahren durchaus eine solide Basis für ihre Mission geschaffen:

1. Sie verfügt über eine leistungs- und wettbewerbsfähige Technologie, um sauberen Strom wirtschaftlich liefern zu können.
2. Sie beschäftigt derzeit direkt und indirekt schon mehr als 300.000 Menschen; diese Zahl wird sich in der kommenden Dekade vervielfachen.
3. Sie schafft für Europa die kritische Infrastruktur, die für eine nachhaltige und autonome Energieversorgung zwingend erforderlich ist.

Die stürmischen Wachstumsraten in der Branche zeigen auch, welche enormen Potenziale der Wertschöpfung in ihr stecken. Um diese Potenziale zu heben, muss die Politik allerdings noch einen stärkeren Beitrag leisten. Denn die ausgerufene Transformation auf dem Energiemarkt hat auch alte Geschäftsmodelle obsolet werden lassen, neue bisher aber noch nicht oder nur unzureichend etabliert.

Mehr noch: Die europäische Windindustrie muss ihre Transformationsaufgabe inmitten einer schweren Energiekrise leisten. Die Folge: Während massiv in den Ausbau von erneuerbarer Energie investiert werden muss, um eine nachhaltige Versorgung für Europa aufzubauen, schreiben die Hersteller von Windenergieanlagen Verluste.

Entsprechend dringend ist es, dass die Politik auf EU-Ebene Rahmenbedingungen schafft, die einen funktionierenden Markt auf allen wichtigen Stufen der Wertschöpfung entstehen lassen und fördern. Dass es dabei noch erhebliche Defizite gibt, zeigen hierzulande beispielsweise Offshore-Auktionen: Solche Auktionen für die Bereitstellung von deutschem Meeresboden für Windkraftanlagen laufen nach einem ähnlichen Muster wie bei der Versteigerung von Mobilfunkfrequenzen. Ob ein solches Verfahren eine gute Mobilfunk-Abdeckung gebracht hat, mögen andere beurteilen. Für die Verwirklichung der energiepolitischen Ziele erscheint es allerdings kontraproduktiv. Das Recht, auf vier Offshore-Flächen in Nord- und Ostsee Windparks zu eröffnen, kostete ein internationales Konsortium im Sommer 2023 mehr als 12,5 Milliarden Euro. Diese Summe fließt am Ende natürlich auch in die Preiskalkulation der Windparkbetreiber ein, verteuert also die Stromrechnung für Wirtschaft und private Haushalte signifikant.

Die Politik wäre gut beraten, das Design von Auktionen zu ändern. Bei Ausschreibungen von neuen Flächen für Windparks kann es nicht allein ums Geld gehen. Nachhaltigkeit gibt es nicht umsonst, qualitative Aspekte wie Umweltschutz, Kreislaufwirtschaft, Energiesicherheit, Arbeitsplätze oder Investitionen in Forschung & Entwicklung sollten ebenfalls berücksichtigt werden.

Zügig müssen auch weitere wirtschaftspolitischen Rahmenbedingungen auf deutscher und europäischer Ebene geschaffen werden, damit unternehmerisches Handeln und entsprechende Investitionen ermöglicht werden.

Dazu gehören beispielsweise

1. eine Vereinfachung und Beschleunigung von Genehmigungsprozessen,
2. ein beschleunigter Ausbau der Netzinfrastruktur mit vereinfachten und transparenten Möglichkeiten bei der Einspeisung von Energie, um grünen Strom von A nach B zu bringen. Das betrifft aber auch dringende Verbesserungen für den Transport von Windenergieanlagen.
3. verlässliche Vereinbarungen für den europaweiten Handel mit grüner Energie,
4. verstärkte Engagements in Forschung & Entwicklung mit dem Ziel, die Erzeugung nachhaltiger Energie kräftig auszuweiten,
5. die Unterstützung von Windturbinen-Herstellern mit öffentlichen Mitteln.

Nur wenn es Investitionssicherheit gibt, wenn sichergestellt ist, dass die Ausbauziele kontinuierlich in den Auftragsbüchern ankommen, können die Unternehmen auch die Herausforderung Energiewende annehmen und entsprechend operieren. Erforderlich sind dabei auch ein besserer Zugang zu Investitionskapital sowie direkte Finanzhilfen für den Aufbau von Fertigungskapazitäten. Gerade für den Ausbau auf See werden zusätzliche Produktionskapazitäten benötigt – und zwar dringend: Zwischen einer Auktion und der Beauftragung eines Herstellers vergehen vier bis fünf Jahre; der Investitionsbedarf besteht aber heute, nicht erst in fünf Jahren.

Immerhin, die Politik bewegt sich und scheint die Notwendigkeit erkannt zu haben, dass die Windindustrie für Europa von zentraler und strategischer Bedeutung ist. Im Dezember 2023 hat der Energie-Ministerrat der EU ein Windenergie-Statut verabschiedet, das europäische Hersteller vor unfairer Konkurrenz von außen schützen soll. Dies ist ein erster wichtiger Schritt, damit die wesentlichen Komponenten dieser Industrie einschließlich wichtiger Glieder der Lieferkette verlässlich und langfristig in Europa langfristig angesiedelt bleiben können.

Nur so lässt sich vermeiden, dass Europa erneut in eine fatale energiepolitische Abhängigkeit geraten kann. Es gehört zu den Aufgaben der Politik in Berlin und Brüssel, diese Erkenntnis in weitere konkrete Maßnahmen umzusetzen, damit die Windindustrie nicht das gleiche Schicksal erleidet wie die Photovoltaik: Auch in der Solarbranche kamen die meisten Innovationen aus Deutschland. Gegen die staatlich gezüchteten und hochsubventionierten chinesischen Hersteller gab es für die heimischen Unternehmen aber keine Überlebenschancen. Inzwischen hat sich die Branche fast komplett aus Deutschland verabschiedet.

Diese Lektion sollten wir alle gelernt haben.

Die Rolle der Kapitalmärkte bei der Transformation zu einer nachhaltigen Wirtschaft

Von Joachim Faber*

Vor rund einem Vierteljahrhundert bin ich zum ersten Mal mit dem Problem des Klimaschutzes und der Nachhaltigkeit konfrontiert worden. Ende 1995 hatte die Dresdner Bank den angelsächsischen Vermögensverwalter Rosenberg Capital Management (RCM) akquiriert. Kurz nach der Jahrtausendwende übernahm dann die Allianz, für deren Asset-Management-Aktivitäten ich seinerzeit verantwortlich war, RCM von der Dresdner Bank.

RCM gehörte damals zu den ersten Unternehmen aus der Asset-Management-Industrie, die sich dem sogenannten Carbon Disclosure Project (CDP) angeschlossen hatten. Dabei handelte es sich um eine sehr frühe Bewegung vorwiegend englischer und kontinentaleuropäischer Asset Manager, die Nachhaltigkeit und Klimafragen als wichtiges Thema für die Menschheit und deshalb auch für die Finanzindustrie auffassten. Die Initiatoren hatten sich entschlossen, in ihrer Branche und auf dem Kapitalmarkt für mehr Transparenz und Informationen bei der Frage zu sorgen, welche Unternehmen nachhaltig wirtschafteten und welche nicht. Die Hypothese war: Wenn sich die Eigentümer der großen, börsennotierten Unternehmen beginnen zu artikulieren, dann können Themen wie Klimaschutz und Nachhaltigkeit durch die Teilnehmer des Kapitalmarktes verbessert werden, ohne auf die staatliche Regulierung zu warten.

*Joachim Faber war lange Jahre Vorstand der Allianz und ist heute als Multi-Aufsichtsrat tätig.

Immer mehr Asset Manager schlossen sich der Initiative an. Noch bevor Politiker und Regierungen das Thema Nachhaltigkeit für sich entdeckt hatten, vereinbarten die beteiligten Vermögensverwalter einen freiwilligen Verhaltenskodex. Sie verlangten von den Unternehmen, deren Aktien sie in ihren Portfolien hielten, bei den halbjährlichen Treffen Auskünfte zu Umweltthemen. Anfangs war das ein noch sehr überschaubarer Fragenkatalog. So wollten die Asset Manager etwa wissen, wie viel CO_2-Emissionen die Unternehmen mit ihren Geschäften eigentlich verursachten, oder ob sie sich Migrationsstrategien hin zu einem weniger umweltbelastenden Wirtschaften überlegt hätten.

Die CEOs der betroffenen Unternehmen reagierten zunächst irritiert bis verwundert. Es war offensichtlich, dass sie und auch ihre Investor-Relations-Manager in der Regel schlicht nicht wussten, welche Emissionen ihre Unternehmen verursachten. Und mitunter schienen sie auch Zweifel zu haben, warum derartige Themen nun relevant sein sollten.

Ich empfand die Carbon Disclosure Initiative, die ich bei RCM kennengelernt hatte, als ausgesprochen überzeugend, ja wegweisend. Hierdurch wurde ein wirksamer Weg gefunden, unabhängig von staatlichen Vorgaben die CO_2-Reduktion zu incentivieren. Ich habe diese Initiative anschließend auch in das Asset Management der Allianz hineingetragen. Wir gehörten damit ohne Frage zu den Vermögensverwaltern, die vergleichsweise früh auf diesem Gebiet aktiv waren – aus gutem Grund.

Diese Phase der frühen 2000er Jahre war so etwas wie eine Dekade der Bewusstwerdung – in der Gesellschaft insgesamt und auch in der Finanzindustrie. Umweltaspekte hatten bis dahin für die Akteure am Kapitalmarkt eine eher vernachlässigbare Rolle gespielt; Sustainability, also Nachhaltigkeit, war für die meisten noch ein Fremdwort.

Jetzt aber wurden solche Themen zum integralen Bestandteil von Investorengesprächen mit dem Management. Bereits beim zweiten Zusammentreffen waren die befragten Manager für Umweltthemen sensibilisiert und gut vorbereitet, präsentierten Excel-Sheets mit Schätzungen der CO_2-Emissionen ihrer Unternehmen und erste Migrationsstrategien für mehr nachhaltiges Wirtschaften.

Diese Entwicklung beschleunigte sich in den Folgejahren deutlich. Inzwischen hatten auch Politiker und Regierungen das Thema für sich entdeckt, insbesondere in Europa, zunächst nur zögerlich in Nordamerika. Rund eine Dekade später erließ die Kommission der Europäischen Union (EU) eine Richtlinie, die ESG-Berichte für Unternehmen zur Pflicht machte, also eine ausführliche Berichterstattung zu den Themen Umwelt (E), gesellschaftliche Verantwortung (S) und Corporate Governance (G). Dieser Bericht musste zudem jeweils von Wirtschaftsprüfern begutachtet und abgesegnet werden. Wir waren nach 2010 in der Dekade der konkreten Maßnahmen und Schritte für mehr Nachhaltigkeit angekommen.

Und der Trend setzte sich ungebremst fort. Spätestens mit den 2020er Jahren begannen die Aktivitäten rund um den Klimaschutz allerdings Formen anzunehmen, die sich weniger an Fakten und der Effektivität von Maßnahmen, sondern mehr an kleinteiligen Regulierungen orientierten. Wir erleben das in der Gesetzgebung, vor allem auf der EU-Ebene.

Wir erleben das aber auch in der Financial Community. Immer mehr Investment-Firmen schmücken als Reflex auf die regulatorischen Vorgaben ihren öffentlichen Auftritt mit ESG-Zertifikaten, die ihnen massenhaft nachhaltige Investments attestieren. Das soll umweltbewusste Anleger anlocken und das Firmenimage pflegen. Ich fürchte aber, es handelt sich vor allem um „Greenwashing“ in bisweilen exzessivem Ausmaß.

Etlichen großen amerikanischen Pensionsfonds geht inzwischen der ESG-Aktionismus zu weit, sie haben sogar Gelder von besonders exponierten Asset Managern abgezogen. Gravierender noch sind die Auswirkungen von Regulierungen wie der sogenannten Taxonomie der EU, die festlegt, welche Wirtschaftsaktivitäten wie nachhaltig sind und die auch in die Risikobewertung etwa bei Kreditvergaben von Banken einfließen.

Die Folgen sind weit mehr als zweifelhaft. Die Konsequenzen derart dirigistischer Regulierungen höhlen die Allokationsfunktion des Kapitalmarkts zumindest teilweise aus. Letztlich entscheiden dann bürokratische Instanzen maßgeblich darüber, wer zu welchen Konditionen wie viel Eigen- oder Fremdkapital erhält. Der Markt wird massiv verzerrt, wenn nicht gar faktisch abgeschafft.

Eine übertriebene Sorge? Leider nein – bei der Vergabe von Bankkrediten etwa ist die EU-Taxonomie längst angekommen. Die Europäische Zentralbank (EZB) setzt die Vorgaben der Brüsseler Kommission in der Weise um, dass Banken beispielsweise die Kreditvergabe an Unternehmen, die vergleichsweise viel CO_2 emittieren oder einer bestimmten Branche (etwa Waffenproduzenten) angehören, höchst kritisch hinterfragen oder mit bisweilen sehr viel Eigenkapital unterlegen müssen. Die Folge: Stahlhersteller oder Waffenproduzenten werden faktisch gezwungen, sich Fremdkapital bei Hedgefonds oder im Private-Debt-Market zu sehr viel schlechteren Konditionen zu besorgen. Ob die betreffenden Unternehmen dabei in nachhaltigere Produktionsverfahren investieren wollen oder in einer geostrategisch kritischen Lage die Bundeswehr ertüchtigen sollen, spielt für die Taxonomie keine Rolle.

Um Missverständnisse zu vermeiden: Ich bin ein überzeugter Klimaschützer und Befürworter von mehr Nachhaltigkeit in der Wirtschaft. Der Klimawandel stellt eine Herausforderung für Gesellschaft und Wirtschaft dar, die wir angehen müssen. Und das Bewusstsein für den Wert einer nachhaltigen Unternehmensführung ist nichts anderes als ein Ausdruck von professionellem Risk Management. In den vergangenen Jahren ist daraus aber eine in weiten Teilen missionarische Bewegung geworden, die sich rationalen Argumenten immer mehr entzieht. Häufig genug geht es nicht um effektiven Klimaschutz, wie auch der deutsche Ausstieg aus der Kernkraftenergie zeigt, sondern um Ideologie mit bisweilen fundamentalistischer Kapitalismuskritik.

Es ist deshalb an der Zeit, im Kampf gegen den Klimawandel wieder auf einen vernünftigen, rationalen Kurs einzuschwenken, auch und gerade im Finanzsektor. Dazu gehört, dass sich der Modetrend ESG von seiner Folklore löst und (wieder) auf Fakten konzentriert. Und dazu gehört auch, dass Regulierungsvorschriften und Informationspflichten für die Asset-Management-Industrie nicht mehr der Schönfärberei dienen.

Den derzeitigen Angaben vieler ESG-Berichte jedenfalls sollte man meines Erachtens mit großer Vorsicht begegnen. Mehr als 20 Prozent des weltweit verwalteten Vermögens werden nach ESG-Kriterien gemanagt, davon der größte Teil in Europa. In den Vereinigten Staaten ist die Quote zwar deutlich geringer, das absolute Volumen aber gewaltig.

Derartige grün gelabelte Investments haben inzwischen Dimensionen erreicht, die große Zweifel aufkommen lassen, ob sie tatsächlich durch echte Umweltprojekte unterlegt sind. Die Schwierigkeiten, die dabei in der Praxis auftreten können, habe ich selbst erlebt: Ich bin in einigen Waldprojekten investiert, die Absorptionskapazitäten für Kohlenstoffdioxid schaffen. Für eines dieser Projekte in Neuseeland wollten wir einen Green Bond launchen, eine nachhaltige Anleihe, die gezielt in die Anpflanzung von Bäumen investieren sollte; die dabei erzielbare CO_2-Absorptionskapazität ließ sich sehr gut kalkulieren. Ein ideales Investment für nachhaltigkeitsorientierte Asset Manager, sollte man meinen.

Doch Asset Manager, mit denen ich über Green Bonds gesprochen hatte, machten ein anderes Kalkül auf. Statt derartige, eher überschaubare Projekte bevorzugen sie großvolumige und für sie weniger arbeitsaufwendige Investments in Green Bonds der Bundesrepublik Deutschland, der Vereinigten Staaten oder anderer Wirtschaftsnationen mit möglichst guter Bonität. Dabei wird ein Teil des Staatshaushalts gewissermaßen grün angestrichen, also zu nachhaltigen Investments entsprechend den gängigen ESG-Kriterien erklärt, und am Kapitalmarkt angeboten.

Vor allem die großen Asset Manager greifen dann gerne zu. Sie können sich auf diese Weise damit schmücken, in großem Stil und mit vielen Milliarden nachhaltige, ESG-zertifizierte Investments eingegangen zu sein, und bekommen dafür Beifall von der Öffentlichkeit. Aber sind derartige Engagements tatsächlich nachhaltig im Kampf gegen den Klimawandel? Zweifel sind erlaubt. Wenn man sich die Mühe macht, die entsprechenden Posten der Staatshaushalte einmal zu analysieren, stellen sich etliche als reines Window-Dressing heraus.

So nachvollziehbar das Verhalten der Fondsgesellschaften erscheinen mag, so riskant ist es mittelfristig. Schließlich gefährdet die Branche damit womöglich ihre eigene Glaubwürdigkeit. Und die ist gerade am Kapitalmarkt immer noch ein hohes Gut. Das Problem ist nur: Glaubwürdigkeit ist ähnlich wie Nachhaltigkeit ein qualitativer Begriff, der sich nur schwer in Kennziffern fassen lässt. Die Beurteilung, ob die Nachhaltigkeitspositionierung eines Unternehmens vernünftig ist oder nicht, bedarf einer Mischung aus Erfahrung und akribischer Research-Arbeit, die sich einer simplen Messbarkeit zumindest bisher noch entzieht.

Das ändert freilich nichts daran, dass der Markt der ESG-Zertifizierer boomt. Und mehr oder weniger alle börsennotierten Unternehmen, die einen ESG-Bericht herausbringen wollen, machen dabei die gleichen Erfahrungen. Rund ein halbes Dutzend Agenturen vergeben ESG-Ratings, die zum Teil völlig unterschiedlich konstruiert sind. In der Methodik scheint Willkür die wichtigste Größe zu sein, es herrscht ein offenkundiger Mangel an objektiver Metrik. Die Folge: Bei dem einen ESG-Bewerter schneidet ein Unternehmen gut ab, bei einem anderen schlecht. Jeder Investor-Relations-Manager wählt dann natürlich die Bewertung, die ihm eine gute Nachhaltigkeit bescheinigt.

Die Regulatoren wollen den Wildwuchs an Rating-Verfahren zwar beenden, bessere Orientierung für Anleger oder gar eine Objektivierung von Nachhaltigkeit ist damit aber kaum verbunden. Dafür bedarf es einer umfassenderen Neuorientierung beim Vorgehen. Wenn es nicht recht möglich ist, Nachhaltigkeit mit Messgrößen zu versehen, bleiben immer noch qualitative Verfahren, um sich hier ein einigermaßen fundiertes Urteil bilden zu können.

Dabei können durchaus auch Anleihen an der Vergangenheit helfen. Bei der Frage, ob ein Unternehmen in ein ESG-Portfolio gehört oder nicht, haben Asset Manager sich in früheren Jahren unter anderem mit Ausschlusslisten beholfen. War ein Unternehmen zum Beispiel zu mehr als 20 Prozent im Waffengeschäft tätig, bekam es nicht das Etikett ESG.

Eine andere Möglichkeit bietet das sogenannte Best-in-Class-Modell. Das entscheidende Kriterium hier ist, ob ein Unternehmen innerhalb seiner Branche vorbildliche Nachhaltigkeitskonzepte verfolgt. Wenn etwa ein Unternehmen aus der Stahlindustrie – eine Branche, in der besonders viel CO_2-Emissionen anfallen – bei der Vermeidung von Treibhausgasen nachweislich Best-in-Class ist und zudem glaubwürdige Initiativen für eine weitere Reduzierung vorweisen kann, spricht wenig dagegen, solche Aktien in ein ESG-Portfolio aufzunehmen. Ich jedenfalls halte das für sehr viel vernünftiger, als dieses Unternehmen auszusortieren und den Hedge-Fonds zu überlassen.

Mit dieser Haltung bin ich nicht alleine. In der Zunft der Asset Manager scheint inzwischen eine Verhaltensänderung im Hinblick auf den Umgang mit Nachhaltigkeitskriterien einzusetzen. Das gilt vor allem für die in den Vereinigten Staaten angesiedelten Vermögensverwalter. Sie stehen dem ESG-Ansatz, insbesondere der Komponente Umweltschutz als einem der wichtigsten Investment-Kriterien, ohnehin kritischer gegenüber als die Europäer. Und das nicht nur, weil es womöglich Performance kostet, sondern auch, weil sich die gesellschaftliche Einstellung zu einzelnen Branchen, etwa zu Waffenherstellern, durchaus ändern kann.

Aber auch Europa sollte sich auf ein vernünftiges Vorgehen rückbesinnen. Zumal der Versuch der EU-Kommission, mit der Taxonomie eine Art K.O.-System für die Beurteilung einer Nachhaltigkeitspositionierung vorzugeben, ohnehin mehr Resultat eines politischen Kompromisses ist als Ergebnis naturwissenschaftlicher Denkarbeit. Ich halte dieses System für hochproblematisch und bezüglich Handling und Effektivität für schlicht ungeeignet. Es operiert mit Scheingenauigkeit, die Resultat politischer Kompromisse und einer ideologisierten Richtliniengebung ist.

Sehr viel zielführender als ein solches zentral vorgegebenes Entscheidungsraster zum Abhaken von Nachhaltigkeit ist aus meiner Sicht eine dezentrale, marktwirtschaftliche Lösung, die gewissermaßen die Schwarmintelligenz der vielen Akteure am Kapitalmarkt nutzt. Und die Verstöße gegen nachhaltiges Wirtschaften als das begreift, was sie sind: als Risikomaßstab für die Wertentwicklung eines Unternehmens.

Für Asset Manager sollte der relevante Maßstab deshalb sein, ob ein CEO sich glaubwürdig und kompetent um die für sein Geschäft relevanten Risiken einschließlich der gesellschaftlichen Akzeptanzrisiken kümmert. Bei den regelmäßigen Treffen lässt sich recht zuverlässig ermitteln, ob Unternehmen Umweltrisiken vor sich herschieben oder konsequent angehen. Das gilt übrigens auch für den Social-Aspekt in ESG. Ein Lieferkettengesetz ist eine viel zu kleinteilige Vorgabe an ein Unternehmen, das schlicht und einfach damit überfordert ist, im 5. oder 6. Glied der Lieferkette alle maßgeblichen Kriterien einzuhalten. Eine vernünftige Erläuterung im Gespräch mit dem CEO oder im Geschäftsbericht müsste für den Investor ein ausreichend starker Hebel sein. Entsprechend investieren die Asset Manager dann auch.

Dagegen müssen Konzernchefs, die nur kurzfristige Gewinne im Kopf haben und ESG-Risiken ausblenden, mit Reaktionen des Kapitalmarkts rechnen. Fälle wie BP oder Shell zeigen, dass der Markt hier auch funktioniert und Verstöße gegen nachhaltiges Wirtschaften sanktioniert.

Die internationalen Kapitalmärkte haben einen großen Anteil daran, dass sich Unternehmen sowohl im Umweltbewusstsein als auch in ihrer Governance in den vergangenen 25 Jahren dynamisch weiterentwickelt haben. Diese geradezu existenzielle Bedeutung der Investorenpräferenzen ist für Unternehmen ein starker Treiber, sich entsprechend aufzustellen und ihre Geschäftsmodelle darauf anzupassen. Dieser Weg darf nicht vernachlässigt werden, wenn die Politik der Detailregulierung den Vorzug gibt.

Plädoyer für eine Risikowende – oder: Wer nicht wagt, der nicht gewinnt

Von Leonhard Fischer*

Als ich das erste Mal das Wort Nachhaltigkeit in Zusammenhang mit Unternehmensstrategie gehört habe, dachte ich, es handele sich um einen Scherz – wahrscheinlich ein meinem zunehmenden Alter entsprungener Impuls gegen das mir Unbekannte. So wie in meiner Jugend Dauerlauf langweilig, aber Jogging eine coole Sache war. Für mich war die Basis unternehmerischen Wirtschaftens immer irgendwie nachhaltig. Was bedeutet es denn, langfristig erfolgreich zu sein und Produkte beziehungsweise Dienstleistungen bereitzustellen, die auch immer wieder Kunden überzeugen? Wenn das nicht nachhaltig ist, was denn sonst?

Doch schnell war klar, dass moderne Studien zu Nachhaltigkeit keine revolutionäre betriebswirtschaftliche Erkenntnis hervorbringen, sondern vielmehr einen neuen Zeitgeist in den Unternehmen verankern sollen. Ein Glück. Das erschien mir plausibel. Zu jeder Zeit waren und sind Unternehmen – im Guten wie leider auch im Schlechten – neben ihrer betriebswirtschaftlichen Aufgabe zu großen Teilen auch immer in ihrem Handeln Kinder des jeweiligen gesellschaftlich dominierenden Zeitgeistes. Und der Zeitgeist unserer Tage ist unter anderem eben Nachhaltigkeit.

*Leonhard Fischer ist Kapitalmarktexperte, Verwaltungsrat und Leiter des Anlageausschusses des Zukunftsfonds.

Für mich steht dahinter der durchaus rationale Wille, all jene Dinge, die keiner natürlichen Preisbildung und damit betriebswirtschaftlicher Knappheit unterliegen, zumindest als Nebenbedingung in den unternehmerischen Effizienzprozess einzufordern. Gerade wenn es hier um das öffentliche Gut Umwelt und noch konkreter um die Frage von CO_2 und Klima geht, sicher ein nicht nur löblicher, sondern auch notwendiger Ansatz.

Doch genau hier beginnen die Probleme. Immer dann, wenn es keinen nachvollziehbaren Preisprozess gibt – und das ist bei CO_2 bis heute trotz aller Versuche der Fall –, stellt sich die Frage: Wie viel für wen zu welchen Kosten, und warum ich und nicht der andere? Die bisherige Antwort auf diese Frage: Mehr Bürokratie.

Damit sind wir beim zweiten und noch drängenderen Problem, dass nämlich selbige Bürokratie einen unseligen Nebeneffekt erzeugt. Und damit meine ich nicht einmal eine zunehmende Ineffizienz. Die sich verselbstständigende Bürokratie will und wird zusätzlich zu dem oben erwähnten Klimathema noch eine ganze Menge anderer – mehr oder weniger vernünftiger und mehr oder weniger dringender – Themen in immer umfangreicheren Nebenbedingungen für das Wirtschaften unterbringen. Und die föderale Struktur Europas scheint auf allen Ebenen – von der Kommune bis zur Kommission in Brüssel – einen begeisterten Überbietungswettlauf um neue Vorschriften zu befeuern. Dabei geht es natürlich immer nur um das Gute, Große und Ganze. Doch leider entsteht irgendwann einmal aus solchem Bemühen Unsinn, wie zum Beispiel die ESG-Kriterien. Dabei handelt es sich zwar nur um weiche Faktoren ohne klare rechtliche Definition, aber sie gewinnen zunehmend Einfluss auf die Normierung unternehmerischen Handelns. Und leider findet dieser Prozess zu großen Teilen außerhalb der klassischen Gewaltenteilung statt.

Exemplarisch für die Auswüchse eines solchen Ansatzes steht für mich die Europäische Zentralbank (EZB). Vielleicht ja, weil ihr vor einigen Jahren die Erfüllung der eigentlichen hoheitlichen Aufgabe einer nachhaltig stabilen und auf Preisniveaustabilität ausgerichteten Geldpolitik zu langweilig erschien, hat die EZB in den vergangenen Jahren ESG-Kriterien für ihre ohnehin fragwürdige Geschäftspraktik des massiven Ankaufes von Wertpapieren aller Art entworfen. Doch was heißt das konkret?

Wertpapiere von Unternehmen, die aus welchem Grund auch immer diesen wo auch immer und von wem auch immer definierten ESG-Kriterien entsprechen, werden höhere Kurse, ergo niedrigere Zinsen ausweisen als die anderer, weniger glücklicher Unternehmen. Ein derartiges Vorgehen öffnet zum einen dem Missbrauch Tür und Tor. Zudem sind diese arbiträr festgesetzten höheren Kosten nichts anderes als eine Art Strafsteuer via Zinsen. Ich will diesen Aspekt nicht weiter vertiefen, aber eine Bemerkung an die so auf ihre Unabhängigkeit bedachte Zentralbank sei mir erlaubt: „No taxation without representation."

Deshalb lautet meine erste Hypothese: Die bürokratische Definition der Nachhaltigkeit mittels kaum nachvollziehbarer Vorgaben wie ESG-Kriterien führt uns und unsere Wirtschaft in eine Sackgasse. Die Nebenwirkungen dieser Regulierungsvorschriften übersteigen bei weitem den Nutzen. Dazu ein Beispiel. Verschiedene börsennotierte Rohstoffkonzerne denken derzeit darüber nach, ihr Listing von der LSE in London nach Amerika zu verlegen. Der Grund: Die Überbetonung von ESG-Kriterien bei europäischen institutionellen Investoren führt zu einem signifikanten Bewertungsabschlag an den Börsen gegenüber den US-Handelsplätzen. Langfristig bedeutet eine Notierung in Europa für die Unternehmen höhere Finanzierungskosten und weniger strategische Optionen.

So etwas kann nicht sinnvoll sein und zeigt die Fehlanreize eines solchen Systems, das mich persönlich mehr an den Ablasshandel erinnert als an ein sinnvolles Verfahren zur CO_2-Reduktion.

Das zweite in der öffentlichen Diskussion zunehmend geäußerte Ziel ist eine neue Form von Askese: Der kollektive Verzicht. Gewiss, jeder Mensch und jedes Unternehmen sollte versuchen, unnötigen Ressourcenverbrauch zu vermeiden oder wenigstens zu verringern, aus vielerlei Gründen. Was aber unnötiger Ressourcenverbrauch ist, sollte man grundsätzlich den Menschen selber überlassen.

Sehr viel nachhaltiger als wuchernde Bürokratie und verordneter Verzicht wäre da schon eine neue Betonung des Leistungsgedankens. In einer Welt mit mehr als acht Milliarden Menschen brauchen wir vor allem neue Ideen und technische Innovationen. Beides setzt Leistungswillen und Engagement voraus. Mit einer Vier-Tage-Woche und ausgeprägter Work-Life-Balance wird man mit Sicherheit nicht die Exzellenz und den Ideenwettbewerb erzeugen, die dem Fortschritt nun einmal zugrunde liegen.

Innovative Technologien der Energiegewinnung, zur Reduzierung des Verbrauchs oder zu Recycling sowie neue Verfahren ressourceneffizienten Wirtschaftens kommen leider nicht aus dem Nürnberger Trichter, also fast ohne Aufwand und Anstrengung zustande. Sie werden nachhaltig nur mit einem bisweilen obsessiven Leistungs- und Erfolgswillen erarbeitet, erstritten, erkämpft.

Leistungswille ist allein für sich genommen aber nur eine notwendige, noch keine hinreichende Bedingung für Erfolg. Es muss Risikobereitschaft dazukommen. Ob wir wollen oder nicht: Der Schlüssel für unsere Zukunft liegt in der gesellschaftlichen und persönlichen Bereitschaft, Risiken einzugehen. Risiko ist einer der zentralen Bausteine für Erfolg und Fortschritt.

Doch leider ist der Begriff Risiko gerade in Deutschland inzwischen ausgesprochen negativ konnotiert. Risiko erscheint vielen dem Glücksspiel näher als dem kühl kalkulierten Umgang mit Unsicherheiten und dem Eingehen unternehmerischer Wagnisse. Dabei ist das Unsichere, etwas zu wagen, ja genau der Kern des Unternehmertums. Wer kein Risiko eingeht, wer also nicht wagt, der nicht gewinnt.

Der moderne Staat in Europa hingegen scheint uns in eine Art vollkaskoversicherte Zukunft führen zu wollen. Das betrifft Unternehmen genauso wie den normalen Bürger und den Staat. Zunehmend gewinnt man den Eindruck, dass die Aufgabe von Risikomanagement in Unternehmen zu einem administrativen Prozess zur Vermeidung von Risiko konvergiert. Man kommt nicht umhin, zu vermuten, dass Unternehmen bei immer mehr Themen aufgrund der rasant steigenden bürokratischen Vorgaben mit all der daraus folgenden Rechtsunsicherheit faktisch dazu angehalten sind, selbst minore Entscheidungen mit einem Wust von Anwälten, Beratern und Wirtschaftsprüfern gegen drohende Gefahren, vulgo Klagen, abzusichern. So entsteht und gedeiht eine Kultur der Bedenkenträger, die der notwendigen Risikobereitschaft geradezu diametral entgegensteht.

Auch uns Bürgern suggeriert der Staat eine allumfassende Betreuung. Die Rente etwa wird nicht angefasst, obwohl klar ist, dass nur – und wirklich nur – eine deutliche Verschiebung des Renteneintrittsalters das System nachhaltig stabilisieren kann. Auch das sogenannte Bürgergeld, ob es nun zu hoch ist oder nicht, impliziert, dass jedem Bürger etwas zusteht. In Umkehrung von John F. Kennedys berühmtem Satz lautet die neue Botschaft: „Frag nicht, was du für die Gemeinschaft tun kannst – stelle sicher, dass die Gemeinschaft genug für dich tut.“ Das zentrale Problem dieses Ansatzes ist nicht einmal seine Finanzierbarkeit, sondern der Verlust an Agilität und Risikobereitschaft, der in einer Gesellschaft damit einhergeht.

Es ist aber gerade Risikobereitschaft, der Mut, Neues auszuprobieren und etwas zu wagen, der das Fundament nachhaltigen Wohlstandes ausmacht. Das gilt insbesondere dann, wenn wir den Schutz unserer natürlichen Ressourcen als zentrale Nebenbedingung unseres Wohlstandes definieren wollen.

Dies ist mein Plädoyer für einen neuen Zeitgeist, um Risiko aus der gesellschaftlichen Schmuddelecke herauszuholen. Insbesondere Europa und Deutschland brauchen eine solche Risikowende. Um diese Notwendigkeit zu begreifen, müssen wir uns ein paar simple Fragen beantworten: Warum hinkt das reale Wachstum pro Kopf hierzulande seit 30 Jahren so weit hinter den USA hinterher, warum also werden unsere Bürger im Vergleich zu den Amerikanern immer ärmer? Und warum werden im Westen faktisch alle innovativen Schlüsselindustrien von amerikanischen Unternehmen dominiert, und das so stark wie nie zuvor? Warum kommen fast alle wichtigen Innovationen aus den Vereinigten Staaten?

Daran, dass wir weniger talentierte oder schlechter ausgebildete Techniker oder Ingenieure hätten, liegt es sicher nicht, denn wir verfügen über viele kluge Köpfe. Natürlich kommen für dieses Zurückfallen eine Vielzahl von Ursachen in Betracht. Ich bin davon überzeugt, dass hauptsächlich zwei Faktoren herausragen, und beide haben mit der Bereitschaft, Risiko einzugehen, zu tun.

Die erste Ursache ist Fracking. Mit dieser Technologie haben sich die USA in den vergangenen 20 Jahren vom Energieimporteur zum -exporteur gewandelt. Aber nicht nur der politisch und ökonomisch dramatische Zugewinn an Autonomie ist frappierend. Hinzu kommt, dass dank Fracking die Energiekosten für die amerikanischen Unternehmen und Haushalte gesunken sind – ganz im Gegensatz zu uns. Selbst in den besten Zeiten der Gasimporte aus Russland war unser Gaspreis im Schnitt zwei bis drei Mal so hoch wie in den USA.

Deutschlands Geschäftsmodell war nie billige Energie aus Russland, nur vermeintliche Versorgungssicherheit zu vertretbaren Preisen. Eine Illusion, wie sich leider herausstellte. Doch es kommt noch schlimmer: Zur selben Zeit haben die Vereinigten Staaten nicht nur von billiger Energie profitiert, sondern ihre Kohle durch Gas ersetzt und damit ihre CO_2-Bilanz deutlich verbessert. Dies alles dank Fracking. Uns Europäern ist ein solches Vorgehen bis heute zu riskant. Wir machen uns lieber komplett von Flüssiggas abhängig, welches aufwendig um die halbe Welt transportiert werden muss. Mir erscheint das nicht sehr nachhaltig.

Der zweite zentrale Baustein des amerikanischen Erfolges ist ein Kapitalmarkt, der in großen Mengen Risikokapital bereitstellt, und das auch für ausgefallene Ideen. So konnten die Googles, Netflix', Amazons und Teslas dieser Welt entstehen. Derweil diskutieren wir in Europa, ob wir uns eine Kapitalmarkt- und Bankenunion für den gemeinsamen Euroraum überhaupt leisten können oder wollen. Denn das Risiko, dass deutsche Steuerzahler eventuell für alte italienische Staatsschulden geradestehen müssten, erscheint uns doch zu hoch.

Merkwürdig, da wir durch die massiven Ankäufe von Staatsanleihen durch die EZB einen Teil der öffentlichen Schulden im Euroraum faktisch ohnehin schon vergemeinschaftet haben. Das Risiko einer Kapitalmarktunion überschätzen wir bei weitem, während die nachhaltigen Wachstums- und Wohlstandsverluste eines weniger effizienten und weniger risikobereiten europäischen Finanzmarktes dramatisch unterschätzt werden. Aber wie oben schon erwähnt, bei den ESG-Kriterien sind wir Spitze. So kann man sich wenigstens besser fühlen.

Zu viel Bürokratie und zugleich kaum Bereitschaft, Risiken einzugehen – dieses „Konzept" wird nicht funktionieren. Wir werden stattdessen immer weiter zurückfallen und weit hinter dem Potenzial unserer Region zurückbleiben. Und das Weltklima werden wir so schon gar nicht – beziehungsweise nur in Sonntagsreden – retten können.

Für mich steht fest, dass es leider kein Weniger an Bürokratie geben wird. Dazu sind die Interessen zu klar. Also müssen wir uns die Bürokratie leisten können. Aber wie? Meine nachhaltige Antwort darauf lautet: Durch mehr Risikobereitschaft!

Nachhaltigkeit als Wachstumstreiber

Von Stefan Grosch*

Die Herausforderungen für Wirtschaft und Politik haben in der jüngeren Vergangenheit schwindelerregend zugenommen. Angesichts von geostrategischen Verwerfungen, Kriegen und ökonomischen Krisen könnte manch einer geneigt sein, das Thema Nachhaltigkeit erstmal zurückzustellen. Das allerdings, davon bin ich zutiefst überzeugt, wäre ein gravierender Fehler.

Die Bewältigung des Klimawandels duldet keinen Aufschub. Lange schon, bevor das Thema in der gesellschaftlichen Agenda ganz nach oben gerückt ist, haben wir uns bei Bosch für Nachhaltigkeit eingesetzt. Wir sind dabei geleitet von der Überzeugung, dass Nachhaltigkeit ein nicht verhandelbarer Teil unserer Geschäftstätigkeit sein muss. Unsere unternehmerische Aufgabe besteht darin, technologiebasierte Lösungen für aktuelle ökologische Herausforderungen zu finden. Entsprechend handeln wir auch: So investiert Bosch in beträchtlichem Umfang in nachhaltige Technologien, etwa in elektrifiziertes Fahren, in Wasserstofftechnologien wie Brennstoffzelle und Elektrolyse oder die Wärmepumpen-Technologie.

Technik, so unsere Überzeugung, kann entscheidende Beiträge leisten, um die Zukunft gemeinsam besser zu gestalten. Wir arbeiten jeden Tag daran, „Technik fürs Leben" zu entwickeln – Technik, die Menschen begeistert, ihre Lebensqualität verbessert und zur Schonung der natürlichen Ressourcen beiträgt.

*Stefan Grosch ist Arbeitsdirektor und Mitglied der Geschäftsführung bei der Robert Bosch GmbH.

Die Wahrnehmung solcher unternehmerischer Aktivitäten wird derzeit womöglich überlagert durch die zunehmende Fülle an regulatorischen Anforderungen im Bereich Nachhaltigkeit, denen sich die Wirtschaft gegenübersieht – und die durch ihre Komplexität durchaus Herausforderungen mit sich bringen. Umso wichtiger ist es, gerade vor diesem Hintergrund die eigenen Unternehmensziele im Blick zu behalten und die Chancen zu erkennen. Bosch ist davon überzeugt, dass Nachhaltigkeit auch einen wesentlichen Beitrag zur Erreichung der Wachstumsziele leisten und als entscheidender „Enabler" für die Zukunft des Unternehmens wirken kann. Geschäftspotenziale sehen wir vor allem in den Themen der ökologischen Nachhaltigkeit, insbesondere bei Klimaschutz, Kreislaufwirtschaft und Wasser.

Bosch hat sich deshalb das Ziel gesetzt, die eigene Wettbewerbsfähigkeit auf Basis der Anforderungen in den jeweiligen Märkten zu stärken und Win-win-Situationen zwischen Business und Nachhaltigkeit zu erzielen. Dabei bieten die neuen regulatorischen Anforderungen uns durchaus auch Chancen, da sie Transparenz und Vergleichbarkeit zu Nachhaltigkeitszielen, Key Performance Indicators (KPI) und Performance von anderen Unternehmen schaffen. Dies befeuert somit den Wettbewerb um die besten nachhaltigen Lösungen – gewissermaßen eine „Sustainable competition to win" –, und dieser wollen wir uns stellen.

Marktanalysen und Benchmarking bilden die Grundlage unseres Nachhaltigkeitszielbilds. Es beschreibt sechs Themenfelder, die im Fokus unserer Nachhaltigkeitsaktivitäten stehen. Neben Klimaschutz, Kreislaufwirtschaft und Wasser umfasst das Zielbild die Aspekte Menschenrechte, Gesundheit und Diversität. Die Balance zwischen den ökonomischen, ökologischen und sozialen Dimensionen unserer Geschäftstätigkeit ist Teil unseres Anspruchs einer verantwortungsvollen Unternehmensführung.

Erste Analysen zeigen, dass unser Nachhaltigkeitszielbild mit seinen sechs Themenfeldern auch im neuen regulatorischen Umfeld weiterhin Gültigkeit besitzt. Die Themenfelder, die gestern für unser Unternehmen wesentlich waren, sind es auch morgen. Oder anders ausgedrückt: Wir werden in der Themensetzung der vergangenen Jahre bestätigt. Wir können auf bereits bestehende Programme und Maßnahmen aufsetzen und diese gezielt und konsequent weiterentwickeln.

Dabei wirken einige regulatorische Vorgaben wie die EU Corporate Sustainability Reporting Directive (EU CSRD) sogar unterstützend, da alle sechs Themenfelder für uns und alle Marktteilnehmer mittels vergleichbarer KPI und Zielsetzungen transparent und messbar gemacht werden – und dies nicht nur für die eigenen Standorte, sondern über die gesamte Wertschöpfungskette.

Die Performance des Unternehmens insbesondere in den genannten sechs Themenfeldern bildet die Grundlage für den Markterfolg des Unternehmens. Die Einhaltung von rechtlichen Vorgaben, die Orientierung an gesellschaftlichen Werten und Normen sowie eine gute Positionierung im Wettbewerb stellen gewissermaßen die „Licence to operate" für ein Unternehmen dar.

Themen wie Klimaschutz, Kreislaufwirtschaft und Wasser bieten darüber hinaus Potenziale zur positiven Differenzierung im Wettbewerb. Energieeffiziente oder wassersparende Produkte sind hier ebenso ein Beispiel wie recyclebare Verpackungen oder reparierbare Produkte.

Um diese Potenziale im Wettbewerb nutzen zu können, ist es nicht nur wichtig, sich faktisch und nachweisbar – zum Beispiel durch einen geringeren Energieverbrauch – positiv im Vergleich zum Wettbewerb zu differenzieren. Es ist auch wichtig, diejenigen Fakten herauszustellen, die durch die Zielkundengruppe wertgeschätzt werden. Kommen beide Voraussetzungen zusammen, wird unser Anspruch „Technik fürs Leben" Wirklichkeit: Unsere Produkte begeistern Menschen, verbessern ihre Lebensqualität und tragen etwas zur Schonung der natürlichen Ressourcen bei.

Zur systematischen Identifikation und Bewertung dieser Wachstumspotenziale nutzt Bosch die Methodik der Werttreiberanalyse. Ein Werttreiberbaum aus verschiedenen Vorsteuergrößen beschreibt mathematisch die Wirkungen zum Beispiel auf die Hauptsteuergröße „CO_2". Vor- und Hauptsteuergrößen können durch sogenannte „Hebel" und zugehörige Maßnahmen beeinflusst werden. Sie sind die „Stellschrauben" zur Verbesserung der Hauptsteuergröße „CO_2". Mögliche Maßnahmen können so systematisch durchgespielt und ihre Wirkung simuliert werden. Da der Werttreiberbaum neben den physikalischen Zusammenhängen von beispielsweise Energieträgern, Energieverbräuchen und resultierenden CO_2-Emissionen gleichzeitig die finanziellen Auswirkungen der Maßnahmen beschreibt, wird auf diese Weise eine umfassende finanzielle und nichtfinanzielle Bewertung ermöglicht.

Die Idee des Werttreiberbaums hat ihren Ursprung in den Erfahrungen unserer eigenen Geschäftstätigkeit mit der Klimaneutralität. Im Jahr 2019 kündigte Bosch an, als erstes globales Industrieunternehmen ab dem Jahr 2020 mit seinen weltweit mehr als 400 Standorten insgesamt CO_2-neutral zu sein (im sogenannten Scope 1 und 2 gemäß dem Greenhouse Gas Protocol Corporate Accounting and Reporting Standard). Dieses Vorhaben haben wir bereits im Frühjahr 2020 erfolgreich umgesetzt. Diese

CO_2-Neutralstellung wird durch den Einsatz von vier Hebeln erreicht: Steigerung der Energieeffizienz, Eigenerzeugung von Energie aus regenerativen Quellen, Bezug von Strom aus regenerativen Quellen (Grünstrom) – und Kompensation verbleibender Restemissionen durch Carbon Credits.

Für jeden Hebel wurden mögliche Maßnahmen identifiziert und bezüglich ihrer technischen Umsetzbarkeit, Marktverfügbarkeit, Wirtschaftlichkeit und ihrer positiven Wirkung auf die CO_2-Emissionen im Scope 1 und 2 bewertet. Heraus kam für jeden Hebel ein technisch-wirtschaftliches Maßnahmenpaket, auf dessen Grundlage KPI und Zielwerte je Hebel abgeleitet wurden.

So wurde für den Hebel „Energieeffizienz" ein Einsparpotenzial von 1,7 Terawattstunden (TWh) bis 2030 als Ziel definiert. Dies entspricht rund 20 Prozent des Energieverbrauchs der Bosch-Gruppe im Basisjahr 2018. Das zugehörige Maßnahmenpaket umfasst neben konventionellen Maßnahmen wie beispielsweise Beleuchtung, drehzahlgeregelten Kompressoren, Druckluft-Management oder Abwärmenutzung auch den Einsatz neuer Technologien, wie zum Beispiel ein vernetztes Energie-Managementsystem (Bosch Energy Platform) oder die Nutzung von Wärmepumpen und stationären Brennstoffzellen.

Rund 58 Prozent dieses Ziels sind bereits heute erreicht. Seit 2019 haben wir weltweit rund 6.000 Projekte initiiert und uns damit ein Einsparpotenzial von 0,98 TWh erschlossen. Allein im vergangenen Jahr kamen über 1.300 neue Projekte mit einem Energieeinsparpotenzial von 0,18 TWh dazu.

Für den Hebel „Regenerative Eigenerzeugung“ an unseren Standorten wurde ein Ziel von 400 Gigawattstunden (GWh) bis 2030 festgelegt. Aufgrund genehmigungsrechtlicher Rahmenbedingungen liegt der Fokus hierbei auf dem Bau von Photovoltaikanlagen auf Dach- und Freiflächen an unseren Standorten.

Bereits 114 Bosch-Standorte weltweit nutzen für ihre Energieversorgung die Kraft der Sonne. Zudem betreiben wir an unserem Standort in Blaichach ein Wasserkraftwerk. Insgesamt wurden im letzten Jahr rund 149 GWh Energie bei Bosch regenerativ erzeugt. Damit haben wir bereits 37 Prozent unseres Zielwerts bis 2030 erreicht. An 36 Standorten gingen neue Photovoltaik-Installationen ans Netz, deren Gesamt-Kollektorfläche entspricht etwa 18 Fußballfeldern.

Da es physikalisch nicht möglich ist, unseren Strombedarf ausschließlich durch regenerative Eigenerzeugung zu decken, sind wir auf den Zukauf von Grünstrom angewiesen. Im Jahr 2023 konnte die Bosch-Gruppe bereits 99 Prozent ihres weltweiten Strombedarfs mit Grünstrom decken. Im Jahr 2030 soll das Unternehmen ausschließlich Grünstrom beziehen.

Über Kompensationsmaßnahmen (Carbon Credits) gleichen wir verbliebene CO_2-Emissionen aus, wie sie etwa aus Verbrennungsprozessen (Heizung, Prozesswärme) entstehen. Ebenso nutzen wir diesen Hebel, um die CO_2-Emissionen aus unserem Strombezug in den Ländern zu kompensieren, in denen Grünstrom derzeit nur eingeschränkt verfügbar ist. Mit den Fortschritten, die wir durch den Einsatz der genannten Hebel erzielen, wollen wir den Kompensationsanteil an der Neutralstellung bis 2030 auf maximal 15 Prozent (im Vergleich zu den CO_2-Emissionen im Basisjahr 2018) reduzieren.

Wir sind dabei auf einem guten Weg: Im vergangenen Jahr sank das Volumen der zu kompensierenden CO_2-Emissionen auf 0,6 Millionen Tonnen. Gegenüber dem Vorjahreszeitraum entspricht dies einem Rückgang von rund 0,1 Millionen Tonnen CO_2 bzw. einem Kompensationsanteil von rund 19 Prozent (im Vergleich zu den CO_2-Emissionen im Basisjahr 2018).

Der Hebel „Energieeffizienz" bildet das Herzstück unserer CO_2-Neutralstellung, da er nicht nur den Energieverbrauch und die damit verbundenen CO_2-Emissionen senkt, sondern durch die eingesparten Energiekosten auch einen wesentlichen Beitrag zur Wirtschaftlichkeit des Gesamtprogramms leistet. Um diese ökonomisch-ökologische Win-win-Situation nutzen zu können, wurde bewusst ein hoher Anspannungsgrad der Zielkurve dieses Hebels in den Anfangsjahren gewählt – ein Ansatz, der uns insbesondere angesichts der massiven Energiepreissteigerungen infolge des Krieges in der Ukraine zugutegekommen ist. Zudem wertschätzen mehr und mehr Kunden unseren Erfolg im Rahmen von Ausschreibungen.

Die mathematischen Zusammenhänge zwischen Hebeln, zugrunde liegenden Maßnahmen, Vorsteuergrößen und der Hauptsteuergröße CO_2 hatten wir bereits zu einem frühen Zeitpunkt unseres Neutralstellungsprogramms in einem Modell zusammengefasst, um den Erfolg des Programms nachzuvollziehen – der erste Werttreiberbaum war geboren.

Dabei erkannten wir schnell, dass die identifizierten Hebel und Maßnahmen grundsätzlich auch auf den sogenannten Scope 3 – die vorgelagerte Wertschöpfungskette sowie die nachgelagerte Nutzungsphase unserer Produkte beim Kunden – anwendbar sind. Wir übertrugen daher die Systematik und die Erfahrungen aus Scope 1 und 2.

So können die Hebel der CO_2-Neutralstellung unserer Standorte grundsätzlich auf unsere Lieferanten und deren Standorte übertragen werden. Beispielsweise leistet der Hebel „Grünstrom“ einen wesentlichen Beitrag zur Senkung der CO_2-Emissionen auch in der vorgelagerten Wertschöpfungskette.

Um die Transformation zu beschleunigen, haben wir diverse Lieferantenprogramme entwickelt. Neben Trainings fördern wir den Beitritt unserer Lieferanten zu Initiativen wie dem Carbon Disclosure Project (CDP) und der Science Based Targets initiative (SBTi). Die von uns 2020 gegründete Bosch Climate Solutions GmbH bietet Klimaschutzberatung für Unternehmen an und gibt unsere im Rahmen der CO_2-Neutralstellung gesammelten Erfahrungen an andere Unternehmen und Organisationen weiter. Auch hier steht die Suche nach ökonomisch-ökologischen Win-win-Situationen im Vordergrund. Neben konzeptionellen Lösungen helfen wir anderen Unternehmen auch bei der technischen Umsetzung – unter anderem mit Hilfe des Bosch-Produktportfolios. In gleicher Weise treiben wir den Transformations- und Innovationsprozess in der nachgelagerten Wertschöpfungskette, insbesondere unserem Produktportfolio sowie dessen Nutzung beim Kunden, bis zum End-of-Life.

Die größten Potenziale zur Einsparung von CO_2 sehen wir aktuell in den Geschäftsbereichen, deren Produkte einen relevanten Energiebedarf haben: also vor allem bei Mobilität, Thermotechnik, der industriellen Antriebs- und Steuerungs-Technik sowie bei Hausgeräten. Drei Ansatzpunkte, welche die beschriebene Hebel-Logik widerspiegeln, stehen dabei jeweils im Vordergrund: die weitere Steigerung der Energieeffizienz, die Gestaltung des Produktportfolios und die Transformation des Energiesektors durch den Einsatz von Grünstrom, Wasserstoff und Biogas.

Dabei ist zu berücksichtigen, dass unsere Einflussmöglichkeiten in den einzelnen Bereichen sehr unterschiedlich sind. Während Maßnahmen zur Steigerung der Energieeffizienz von Produkten oder zur entsprechenden Transformation des Produktportfolios direkt wirken, ist unser Einfluss auf das Angebot von regenerativem Strom und grünem Wasserstoff eher gering.

Bis zum Jahr 2022 haben wir die Scope-3-Emissionen, die durch die Nutzung unserer Produkte entstehen, bereits deutlich verringern können – von 416 Millionen Tonnen CO_2 im Basisjahr 2018 auf 315 Millionen Tonnen CO_2. Wesentliche Gründe sind die begonnene Entwicklung des Produktportfolios hin zu höheren Energieeffizienzklassen, energieeffizienteren Motoren und Pumpen, das Angebot von Wärmepumpen und Solarkollektoren sowie die Transformation hin zur E-Mobilität. Zudem wirkt sich im Zuge der Elektrifizierung die Entwicklung des Grid-Mixes zugunsten von Grünstrom positiv aus.

Der am Beispiel des Klimaschutzes beschriebene Ansatz ist in gleicher Art auf die Themen Kreislaufwirtschaft und Wasser übertragbar. Das Thema Kreislaufwirtschaft stellt dabei unter dem Aspekt des Klimaschutzes eine zweite Seite der Hauptsteuergröße CO_2 dar. Während die oben beschriebenen Programme auf Energie und damit verbundene CO_2-Emissionen abzielen, beschreibt der „CO_2-Fußabdruck" des verwendeten Materials die zweite Seite derselben Medaille. So kann dieser zum Beispiel durch den Einsatz von Rezyklaten (etwa bei Kunststoffen) gesenkt werden, da durch den vermiedenen Abbau von Primärrohstoffen und den damit eingesparten Energieeinsatz weniger CO_2 anfällt. Gleichzeitig werden Primärressourcen geschont und negative Auswirkungen in Bezug auf Flächenverbrauch, Biodiversität, Wasserhaushalt – und nicht zuletzt negative soziale Auswirkungen vermieden bzw. reduziert.

Das Beispiel zeigt einen weiteren Vorteil unseres Ansatzes: Eine überschaubare Anzahl an Hebeln und zugehörigen Maßnahmen schaffen einen messbaren ökonomischen, ökologischen und sozialen Mehrwert – also den klassischen Dreiklang der Nachhaltigkeit. Es wird ein kompaktes, praktikables und leicht kommunizierbares Maßnahmenpaket geschnürt, welches mannigfaltige positive Wirkungen auf verschiedene Nachhaltigkeitsfelder bewirkt – weit über Klimaschutz, Kreislaufwirtschaft und Wasser hinaus. Transparenz und Vergleichbarkeit im Wettbewerb helfen uns, Unique Selling Points (USPs) zu nutzen und identifizierte Lücken zu schließen.

Der Ansatz wird von uns kontinuierlich weiterentwickelt und fließt mehr und mehr in unsere Geschäftsprozesse ein. Nachhaltigkeit wird so zu einem integralen Bestandteil unserer bestehenden Prozesse und verwurzelt sich jeden Tag tiefer in unserem Handeln und unserer Kultur.

Aber auch die besten Ideen und Technologien nutzen nichts, wenn es keinen Markt für sie gibt und ihr Mehrwert von den Kunden nicht erkannt oder geschätzt wird. Der Prozess darf deshalb nicht bei der Identifikation von USPs und Lücken enden, sondern muss durch Feedback aus dem Markt gegengeprüft werden. Instrumente wie Marktstudien, Trendanalysen oder Kundenbefragungen können dabei helfen, das richtige Zielkundensegment für die aus Kundensicht wichtigen Nachhaltigkeitsargumente zu finden. Produktentwicklung und Marketing greifen diese Erkenntnisse auf, um marktgerechte Produkte und Lösungen zu gestalten und diese kundengerecht am Markt zu platzieren.

Beispiele aus verschiedenen Geschäftsbereichen zeigen, dass dieses Vorgehen in der betrieblichen Praxis hervorragend funktioniert: So hat Bosch am Standort Stuttgart-Feuerbach mit der Serienfertigung seines Brennstoffzellen-Antriebssystems begonnen. Pilotkunde ist das US-Unternehmen Nikola mit seinem brennstoffzellenelektrischen Lkw. Parallel dazu startete auch ein dafür maßgeschneidertes Recycling-Konzept. Die Kernidee: In Brennstoffzellen ist Platin verbaut, das als Katalysator fungiert und die Reaktion von Wasserstoff und Sauerstoff beschleunigt. Durch Recycling von Platin können mehr als 95 Prozent der durch Platinförderung verursachten CO_2-Emissionen eingespart werden. Gleichzeitig ist es ein wertvoller Rohstoff, für dessen Rückgewinnung sich Kreislaufwirtschaftsmodelle besonders lohnen. Bosch verfolgt daher das Ziel, Stacks am Laufzeitende zurückzukaufen.

Ein weiteres Produkt im Zukunftsmarkt Wasserstoff stellt der Elektrolyseur dar, mit dem große Mengen hochreinen Wassers produziert werden, das zum Beispiel bei der Herstellung von Energie benötigt wird. Bosch ist dabei nicht nur in den Feldern Erzeugung, Kompression und Speicherung aktiv, sondern sieht auch Potenzial bei der Wasseraufbereitung. Neben der klassischen Wasseraufbereitung, die nach dem Prinzip der Umkehr-Osmose arbeitet, bietet Bosch neu entwickelte und wartungsarme Anlagen für abgelegene Gebiete und Offshore-Standorte an, die sich mit erneuerbaren Energien und im Prozess ohne den Einsatz von Chemikalien betreiben lassen. Damit zielt Bosch auf wind- und/oder sonnenreiche Regionen etwa in Nordeuropa, Afrika und Südamerika. Die neuen Anlagen leisten einen Beitrag, um wertvolle Wasserreserven zu schonen. Die Technik ist sehr effizient und verringert die nötige Menge an „Rohwasser“ um bis zu ein Drittel. Zudem lässt sich mit den Anlagen bei technischen Anpassungen auch Trinkwasser gewinnen.

Bosch Rexroth unterstützt als weltweit etablierter Anbieter von Automatisierungslösungen den gesamten Wertstrom der Batteriefertigung: von der Elektroden- und Zellfertigung über die Batteriemodul- und Packmontage bis hin zum End-of-Line-Testing. Dabei profitieren unsere Kunden nicht nur von Komponenten, Modulen und Systemlösungen für die Automatisierung, sondern auch von dem langjährigen Know-how von Bosch Rexroth über die Prozesse der Batterieproduktion.

ONE SMART SPRAY, ein Joint Venture von Bosch und BASF, entwickelt Technologien zur präzisen Ausbringung von Pflanzenschutzmitteln. Das System besteht aus mehreren Kameras, die am Gestänge der Feldspritze angebracht sind. Dies ermöglicht eine zuverlässige Unkrauterkennung sowie gezieltes, sparsam dosiertes Spritzen. Die Technologie des Kamerasystems wird mit digitalen Diensten und agronomischer Intelligenz vereint. Diese Kombination ermöglicht die Bereitstellung agronomischer Empfehlungen, die Erstellung detaillierter Unkrautkarten und die Anzeige der aktuellen Einsparungen in Echtzeit auf mobilen Endgeräten. Abschließend werden Berichte und Zusammenfassungen aller Daten automatisch generiert und stehen auf der digitalen Plattform zur Dokumentation und Auswertung zur Verfügung. Der Endkunde soll damit unkrautfreie Felder bei deutlicher Herbizideinsparung, Effizienzsteigerung im Betriebsablauf sowie eine nachhaltigere Landwirtschaft erreichen können.

Unsere Wärmepumpe der Serie Compress 6800i AW ist aufgrund von Vorlauftemperaturen von bis zu 75 Grad Celsius nicht nur für Neubauten, sondern auch für Bestandsgebäude geeignet, da sie das Heizen von Räumen mit konventionellen Heizkörpern ermöglicht und es nicht zwingend einer Fußbodenheizung bedarf. Zudem zählt sie durch einen integrierten Schalldiffusor zu den leisesten Modellen ihrer Klasse. Besonders in dicht bebauten Gebieten mit Reihenhaussiedlungen kommt dieser Vorteil stark zum Tragen, da die Lärmbelästigung deutlich reduziert wird. Im Vergleich zu konventionellen Wärmepumpen wird sie mit dem natürlichen Kältemittel R290 (Propan) betrieben, welches ein geringeres Treibhausgas-Potenzial aufweist als fluorierte Kohlenwasserstoffe.

Unsere Produkt- und Verfahrensinnovationen tragen auf unterschiedlichste Weise dazu bei, dass das Leben der Menschen leichter und nachhaltiger wird. Indem sie Wasser, Energie und Waschmittel sparen oder helfen, Lebensmittelverschwendung zu vermeiden, können Kunden Geld sparen und zu Hause nachhaltig handeln. Ein Beispiel für Haltbarkeit und Leistung ist der neue Bosch Serie 4 Staubsauger. Besondere Merkmale sind ein auf Langlebigkeit konzipierter Motor (10-Jahres-Garantie), waschbare und damit wiederverwendbare Filter für eine längere Nutzung sowie eine verlässliche Verfügbarkeit von Ersatzteilen. Was den Staubsauger im Lichte der Ressourcenschonung noch auszeichnet, ist sein Material und seine Verpackung: Die schwarze Farbvariante besteht zu 38 Prozent, die anderen Farbvarianten zu 30 Prozent aus recyceltem Kunststoff. Zudem besteht die Verpackung zu 95 Prozent aus recyceltem Papier.

Neben dem Einsatz von Recyclingmaterial für nicht vermeidbare Verpackungen und wiederverwendbaren Verpackungen setzen wir beim Ersatzteilversand für unsere Hausgeräte auch auf die Verringerung von Leerraum in den Verpackungen. Leerraum bedeutet mehr Füllmaterial, was eher zu Transportschäden führt und gleichzeitig höhere Transportkosten für die versendeten Waren bedeutet. Allein im BSH-Logistikzentrum Fürth sparen wir durch die verringerte Größe der Versandkartons ein Volumen von circa 624.000 Litern ein. Das entspricht dem Ladevolumen von etwa sieben LKW pro Jahr.

In unseren Elektrowerkzeugen – Bohrmaschinen, Stichsägen, Akkuschraubern und ähnliche Produkte – senken wir den CO_2-Fußabdruck unter anderem durch die Erhöhung des Rezyklat-Anteils in unseren Produkten und Werkzeugkoffern. Innerhalb von vier Jahren konnten wir so rund 7.200 Tonnen Neukunststoff einsparen, was ungefähr dem Gewicht der Stahlkonstruktion des Eiffelturms entspricht.

Ein Beispiel unserer nachhaltigen Produktentwicklung ist der Kreuzlinienlaser Quigo Green, unser erstes Messtechnik-Gerät, dessen Gehäuse und Zubehöre zu 90 Prozent aus recyceltem Kunststoff bestanden. Jetzt gehen wir noch einen Schritt weiter und übertragen dieses nachhaltige Produktkonzept auf unser komplettes Messtechnik-Portfolio für Heimwerker. Seit Herbst 2023 sind 23 überarbeitete Messgeräte sowie deren Zubehör und Verpackungen mit neuem Nachhaltigkeitskonzept erhältlich und bestehen dann weitestgehend aus recycelten Materialien.

Bei Verpackungen von Messgeräten für Heimwerker setzen wir auf Kanaldifferenzierung für das Endkundengeschäft und den Online-Handel („ein Produkt, zwei Verpackungsarten"). Während die Offline-Verpackung im Handel das Produkt abbildet und dem Verbraucher alle notwendigen Informationen liefert, konzentrieren wir uns bei der Online-Verpackung maßgeblich auf die Anforderungen im logistischen Prozess. Sie ist robust, verzichtet auf Umverpackungen, verwendet braunes Recyclingmaterial mit einem reduzierten weiß-grünen Druckbild.

Im Bereich der industriellen Antriebs- und Steuerungstechnik arbeitet Bosch Rexroth konsequent daran, den Wirkungsgrad der Produkte – hier insbesondere der industriellen Maschinen – kontinuierlich zu verbessern, etwa durch Rekuperation, die Verringerung von Strömungsverlusten oder eine bedarfsgerechte Druckölerzeugung. So sinkt der Energieverbrauch der

Maschinen, und der Klimaschutz profitiert. Ein Beispiel ist unser Sytronix-Portfolio. Die drehzahlvariablen Antriebslösungen stellen die benötigte Leistung punktgenau bereit und schalten in Ruhephasen auf Stand-by. Je nach Arbeitszyklus sparen sie so bis zu 80 Prozent des bisherigen Energieverbrauchs ein und vermeiden entsprechend CO_2-Emissionen.

Alle diese Beispiele sind auf Grundlage der sechs Themenfelder unseres Nachhaltigkeitszielbilds in die Unternehmensstrategie und die Business-Strategien unserer Geschäftsbereiche eingebettet. Ein sogenannter Value Creation Plan gibt dabei einen einheitlichen Rahmen für Business-Strategien und Steuerung vor. Diese Herangehensweise hilft, unser Geschäft systematisch auf Geschäftspotenziale im Bereich Nachhaltigkeit zu untersuchen.

Ausgehend von den Marktbedürfnissen haben sich so zum Beispiel unsere Geschäftsbereiche BSH, Home Comfort, Bosch Rexroth oder der Unternehmensbereich Bosch Mobility Wachstumsziele in einzelnen Geschäftsfeldern gegeben. So möchte BSH seine Marktposition bei energie- und wassereffizienten Haushaltsgeräten ausbauen. Home Comfort hat sich Ziele für das Wachstum im Bereich Elektrifizierung, etwa bei Wärmepumpen oder Hybridlösungen, gesetzt. Bosch Rexroth möchte unter anderem mit Reparatur- und Remanufacturing-Angeboten wachsen und so die Lebensdauer seiner Produkte im Markt verlängern. Einen ganz entscheidenden Beitrag zur Mobilitätswende, und damit zu mehr Nachhaltigkeit, leistet Bosch Mobility durch innovative Antriebssysteme und elektrifizierte Mobilität, wie zum Beispiel Elektroantriebe, Brennstoffzelle, Wasserstoffmotor oder eBike-Systeme.

Um Nachhaltigkeit noch stärker zu einem Wachstumstreiber entwickeln zu können, bedarf es aber nicht zuletzt eines weiteren essenziellen Treibers: das Know-how unserer Mitarbeiterinnen und Mitarbeiter.

Eine aktuelle Umfrage unter unseren Führungskräften zeigt: 85 Prozent von ihnen sind davon überzeugt, dass das Nachhaltigkeitsengagement bei Bosch einen immer wichtigeren Wettbewerbsvorteil verschafft. Nicht zuletzt, weil es unseren Anspruch „Technik fürs Leben" zu schaffen, widerspiegelt und Mitarbeitermotivation sowie Arbeitgeberattraktivität erhöht. Unsere Mitarbeiter sollen und wollen sich mehr für Nachhaltigkeit engagieren und sich als Teil der Lösung fühlen. Wir haben deshalb unsere Prozesse und Strukturen angepasst. Kompetenz-Center – sogenannte Center of Expertise –, in denen die besten Köpfe aus Geschäftsbereichen, Regionen, Zentralfunktionen, unabhängig von Position und Hierarchie, zusammenkommen, arbeiten gemeinsam an nachhaltigen Lösungen für unser Unternehmen.

Center of Expertise, Werttreiberbaum und Fokussierung auf wesentliche Nachhaltigkeitsthemen sind die Kernelemente unseres Nachhaltigkeitsansatzes. Wir sind davon überzeugt, dass uns dieser helfen wird, Ökologie und Ökonomie zu versöhnen, Geschäftschancen von heute und morgen systematisch zu erkennen – und als Wachstumstreiber zu nutzen.

Die Transformation der Industrie zu Nachhaltigkeit und Klimaneutralität: Das Beispiel DHL Group

Von Melanie Kreis*

Nachhaltigkeit gehört im Wirtschaftsleben derzeit wohl zu den besonders häufig verwendeten Vokabeln. Der Begriff ist positiv besetzt, wird gerne und von vielen eingefordert. Gleichzeitig umfasst Nachhaltigkeit aber viele sehr unterschiedliche Aspekte des Wirtschaftens – von Umweltfragen über personalpolitische und gesellschaftliche Themen bis hin zu Fragen der Unternehmensführung und -kontrolle (Corporate Governance) sowie den Kapitalmarkt. Ich kann an dieser Stelle nicht alle praktischen Dimensionen der Transformation zu mehr Nachhaltigkeit für ein Unternehmen wie die DHL Group durchdeklinieren. Ich möchte mich in diesem Beitrag vielmehr auf die Frage konzentrieren, wie ein großes Unternehmen Nachhaltigkeit im ökologischen Sinne in seinen Prozessen und Lieferketten verankern kann. Konkret: Wie kann die DHL Group ihr Geschäft dekarbonisieren, also den Einsatz von fossilen, kohlestoffhaltigen Treibstoffen bei ihren unternehmerischen Aktivitäten reduzieren und ihre Treibhausgasemissionen im Idealfall auf Netto-Null bringen, natürlich ohne dabei die Wirtschaftlichkeit ihres Geschäftsmodells zu gefährden?

*Melanie Kreis ist Mitglied des Vorstands der DHL Group. Sie verantwortet das Finanzressort.

Die Herausforderung ist alles andere als trivial: Die DHL Group ist einer der größten weltweit operierenden Logistik-Konzerne mit einem Jahresumsatz von mehr als 80 Milliarden Euro, rund 600.000 Beschäftigten und einem operativen Jahresergebnis (Ebit) von mehr als 6 Milliarden Euro. Wir sind in mehr als 220 Ländern und Territorien präsent und damit eines der internationalsten Unternehmen überhaupt.

Unser Unternehmen ist gerade in der Logistik-Branche damit ohne Frage ausgezeichnet positioniert. Damit einher geht allerdings ein entsprechend großer CO_2-Fußabdruck: Die Treibhausgas-Emissionen, in CO_2-Äquivalenten gemessen, betrugen zuletzt über 33 Millionen Tonnen im Jahr. Das entspricht in etwa dem CO_2-Fußabdruck der Slowakei und ist somit für uns ein signifikantes Thema.

Diese Dimensionen waren auch der Grund, uns schon sehr frühzeitig der Herausforderung zu stellen. Wir haben uns tatsächlich schon sehr viel früher der Thematik Dekarbonisierung angenommen als die meisten politischen Institutionen – auch schon lange bevor die Kommission der Europäischen Union (EU) ihre Taxonomie-Verordnung im Juni 2020 erließ. Für uns war es vor allem eine Frage unserer gesellschaftlichen Verantwortung als Unternehmen, unsere CO_2-Effizienz zu verbessern und mittelfristig unsere Emissionen auch absolut zu reduzieren. Aber wir sind auch davon überzeugt, dass dies mittelfristig eine Grundvoraussetzung sein wird, um wettbewerbsfähig zu bleiben und unser Geschäftsmodell weiter erfolgreich betreiben zu können.

Entsprechend frühzeitig hatten wir uns auch entschlossen, mit gutem Beispiel voranzugehen. Mit unserer Mission, bis 2050 Netto-Null-Emissionen zu erreichen, haben wir uns einem sauberen Geschäftsbetrieb verschrieben. Nachhaltigkeit ist für uns aber nicht nur ein Ziel, das wir in zweieinhalb Jahrzehnten erreichen wollen, es ist gleichzeitig auch ein Weg, den wir in der DHL Group seit einigen Jahren schon sehr konsequent beschreiten. Dabei haben wir eine Roadmap erstellt, einen detaillierten Fahrplan, mit dem wir unsere Ziele in allen ESG-Bereichen, also auch im Bereich Umwelt, erreichen wollen. Diese Nachhaltigkeits-Roadmap enthält auch Zwischenziele, die uns dabei helfen, nicht vom richtigen Weg abzukommen und die Wirksamkeit eingesetzter Maßnahmen messen zu können.

Mindestens so anspruchsvoll wie das Ziel ist auch die Komplexität der Herausforderung, und das nicht nur, weil die DHL Group sehr groß und auf sehr vielen Märkten unterwegs ist. So entstehen gut drei Viertel unserer CO_2-Emissionen im sogenannten Scope-3-Bereich, also nicht unmittelbar bei uns, sondern bei Lieferanten und Dienstleistern – also beispielsweise Fluggesellschaften oder Schifffahrtslinien, die für die DHL Group operieren. Für uns war hierbei klar, dass wir diese Scope-3-Emissionen bei unserer Zielsetzung und bei unseren Maßnahmen mitberücksichtigen müssen, auch wenn sie nicht unter unserem direkten Einfluss stehen.

Eine weitere Herausforderung ist, dass das Gros unserer Emissionen, etwa 70 Prozent, aus dem Bereich Luftfahrt stammt, einem ausgesprochen schwer zu dekarbonisierenden Bereich.

Ziele sind leicht formuliert. Ihre Umsetzung dagegen ist durchaus anspruchsvoll und braucht einen langen Atem. Und sie erfordert systematisches Vorgehen. Deshalb bestand bei der DHL Group der erste Schritt auf dem Weg der Dekarbonisierung darin, das Problem und unsere Herausforderung bei seiner Bewältigung systematisch zu analysieren und zu verstehen. Für mich war dabei immer auch wichtig, dass wir die CO_2-Emissionen durch unsere Finanzsysteme erfassen und dies auch durch Wirtschaftsprüfer überprüfen lassen. Diesen Prozess haben wir bereits vor mehr als 15 Jahren gestartet. Nicht zuletzt deshalb haben wir inzwischen auch ein gutes Gefühl dafür entwickelt, wie groß die Herausforderung ist und was geeignete Maßnahmen zur Dekarbonisierung in den einzelnen Transportbereichen sind.

Und natürlich auch, was diese Maßnahmen konkret bringen – und was sie kosten. Im Jahr 2023 hat die DHL Group durch aktive Dekarbonisierungsmaßnahmen mehr als 1,3 Millionen Tonnen CO_2-Emissionen eingespart. Die Kosten dafür summierten sich auf 442 Millionen Euro. Um eine Tonne CO_2 einzusparen, muss unser Unternehmen also Kosten in Höhe von 340 Euro einkalkulieren. Zum Vergleich: Der Preis für EU-CO_2-Zertifikate liegt bei rund 100 Euro. Im Vergleich zu anderen Branchen ist CO_2-Vermeidung in der Logistik also eine teure Angelegenheit. Und innerhalb der Logistik sind insbesondere die Kosten für die Dekarbonisierung im Flugbereich noch deutlich höher, da nachhaltiger Flugtreibstoff bisher nur sehr begrenzt verfügbar ist, aber zurzeit die einzige Möglichkeit darstellt, CO_2-Emissionen mit existierenden Flugzeugflotten zu reduzieren.

Das ändert freilich nichts an unserem Commitment. Unser Ziel, bis 2050 Netto-Null-Emissionen zu erreichen, steht; eine Roadmap inklusive Maßnahmenkatalog und Zeitplan ist erarbeitet. Und wir haben auch eine klare Aussage zur Finanzierung gemacht: Wir sind in dieser Dekade bereit, zur Reduzierung der Treibhausgasemissionen sieben Milliarden Euro zu investieren, sozusagen als Anschubinvestitionen. Langfristig muss es für uns als Wirtschaftsunternehmen aber natürlich möglich werden, unsere Mehrausgaben auch wieder am Markt zu verdienen.

Wir haben den Entschluss, in dieser Dekade in eine signifikante Vorleistung zu gehen, bereits 2021 gefasst – nach intensiven internen Diskussionen. Dabei hatten wir uns natürlich auch die Frage gestellt, wie unsere Investoren wohl reagieren würden – sieben Milliarden Euro sind auch für ein Unternehmen unserer Größe eine große Zahl. Als wir unsere Nachhaltigkeitsstrategie dann am Kapitalmarkt vorstellten, war die Reaktion positiv. Es wurde honoriert, dass wir hier eine Größenordnung und eine konkrete Herleitung über Maßnahmen nannten, statt nur allgemeine Ziele zu formulieren ohne einen klaren Pfad zur Realisierung – inklusive der finanziellen Konsequenzen.

Sieben Milliarden Euro bis 2030 mögen isoliert als ein hoher Betrag erscheinen; in Relation zu unserem jährlichen operativen Ergebnis (Ebit in derselben Größenordnung) schien das auch aus Sicht der Investoren eine handhabbare und angemessene Dimension.

Zumal nichts zu tun auch aus Sicht des Kapitalmarkts mit Sicherheit die schlechtere Option wäre. Gerade für Unternehmen der Logistik-Branche ist es mittelfristig von fast schon existenzieller Bedeutung, durch Maßnahmen der Reduzierung von Treibhausgasemissionen ihre Netzwerke und Marktzugänge abzusichern. Schon jetzt kann man mit bestimmten Fahrzeugen in etliche Innenstädte nicht mehr fahren. Und es ist absehbar, dass man einige Flughäfen bald schon nicht mehr anfliegen darf, wenn dem Treibstoff nicht ein Mindestanteil von nachhaltigem Flugtreibstoff (Sustainable Aviation Fuel – SAF) beigemischt ist. Um weiterhin operativ tätig sein zu können und unsere Geschäftsmodelle nachhaltig abzusichern, müssen wir deshalb grüne Lösungen anbieten. Zusätzlich verlangen das auch vor allem größere Geschäftskunden, die sich ihrerseits auf Nachhaltigkeitsziele verpflichtet haben.

Leider bleiben jedoch die Rahmenbedingungen für die Umsetzung bisher noch ausgesprochen schwierig. Das gilt in besonderer Weise für die EU-Regulierung, die oft mehr Komplexität und Bürokratie schafft, statt die Umsetzung zu erleichtern. Unsere Fachleute verbringen sehr viel Zeit damit, in Brüssel definierte Berichtsformate in die Anwendungspraxis eines globalen Unternehmens zu übersetzen und mit Leben zu füllen. Diese Mehrarbeit ist für die Organisation insbesondere dann schwierig, wenn der Nutzen der zusätzlichen Berichtspflichten nicht erkennbar ist. Wenn ich bei Investorengesprächen frage, ob sich jemand unsere EU-Taxonomie-Berichte angeschaut hat, ist die Antwort meist eindeutig und ernüchternd.

Gravierender noch sind regulatorisch bedingte Behinderungen konkreter Maßnahmen. Beispiel Elektrofahrzeuge: Die DHL Group hatte vor etlichen Jahren schon entschieden, selbst elektrisch angetriebene Zustellfahrzeuge zu bauen. Diese Entscheidung mag finanziell nicht unbedingt eine brillante Idee gewesen sein, und sie wurde von Seiten etlicher Investoren auch reichlich kritisiert. Das ändert allerdings nichts daran, dass wir jetzt über die größte Flotte an elektrischen Zustellfahrzeugen verfügen, immerhin über 35.000 emissionsfreie Lieferwagen. Unter ökologischen Gesichtspunkten eine großartige Sache, für die man in den Checklisten der EU-Taxonomie viele grüne Häkchen erwarten können sollte.

Tatsächlich mussten wir jedoch erfahren, dass unsere elektrischen Zustellfahrzeuge als nicht EU-Taxonomie-konform qualifiziert werden sollten. Der Grund: Die bei unseren Fahrzeugen aufgezogenen Reifen verursachten mehr Lärm, als bei nachhaltiger, umweltverträglicher Mobilität erlaubt sei. Es reicht also nicht, emissionsfrei Päckchen und Pakete auszuliefern – die Taxonomie-Kriterien der EU-Kommission beinhalten auch noch Nebenbedingungen, die erfüllt werden müssen. Doch das war in diesem Fall für uns nicht einfach: Die einzigen Reifen, die das Lärm-Limit einhalten konnten, waren Sommerreifen. Aber wir können unsere Mitarbeiterinnen und Mitarbeiter im bayerischen Winter ja nicht mit Sommerreifen auf die Straßen schicken.

Inzwischen ist dieses Problem zwar gelöst, doch auf uns kommen in anderen Bereichen der neuen EU-Taxonomie ähnliche, zum Teil noch sehr viel komplexere Herausforderungen zu, zum Beispiel in der Luftfracht. Wir wissen heute bereits, dass es in den kommenden 15 Jahren keine fundamental neuen Düsen-Triebwerke geben wird, die zu deutlich geringeren Emissionen führen. Die einzige Möglichkeit, grüner zu fliegen, besteht mithin darin, bestehende Triebwerke mit grünem Treibstoff, dem bereits erwähnten Sustainable Aviation Fuel (SAF) anstelle des bisherigen Kerosins, zu betanken.

Dies soll in der EU-Taxonomie zwar auch berücksichtigt werden, allerdings sieht Brüssel dabei auch wieder Nebenbedingungen vor, die eher zweifelhaften Auswirkungen haben dürften. So soll grünes Flugbenzin nur bei bestimmten Flugzeugtypen anerkannt werden; und auch das nur, wenn die Zahl eingesetzten Flugzeuge nicht erhöht wird. Eine solche Vorgabe ist aus Sicht von Wirtschaft und Verbrauchern gleichermaßen realitätsfremd wie auch unter dem Aspekt der Nachhaltigkeit kontraproduktiv. Richtig ist vielmehr, dass jede Tonne SAF, die statt herkömmlichem Kerosin verwendet wird, gut für die CO_2-Bilanz ist.

Das (bisherige) Fazit zur europäischen Regulierung fällt deshalb eher ernüchternd aus. Die Vorgaben aus der EU-Taxonomie passen zum Teil nicht zu den wirtschaftlichen Realitäten und führen bisweilen sogar zu falschen Steuerungsimpulsen. Diese Art von Regulierung hilft deshalb nicht bei der Dekarbonisierung der Wirtschaft, im Gegenteil, sie erschwert sie mitunter.

Und sie hilft auch nicht dabei, unser wohl größtes Problem bei der Transformation zu einem ökologisch nachhaltigen Wirtschaften zu lösen. Unser eigentliches Problem bei der Erreichung des Ziels, die jährlichen Treibhausgasemissionen bis 2030 von derzeit knapp 33 Millionen Tonnen auf unter 29 Millionen Tonnen zu reduzieren und bis 2050 Netto-Null-Emissionen zu erreichen, besteht im verfügbaren Angebot an grüner Energie. Wir wollen – und sind auch dazu in der Lage – den Anteil von E-Fahrzeugen an unserer Zustellflotte auf deutlich mehr als 30 Prozent erhöhen.

Aber wird es auch genügend grünen Strom dafür geben? Und nicht nur in Deutschland, sondern überall auf der Welt? Da machen wir ein großes Fragezeichen. Das Gleiche gilt für nachhaltigen Kraftstoff bei Trucks und für Sustainable Aviation Fuels im Flugbereich. Angesichts des schleppenden

Tempos, mit dem die Produktions-Kapazitäten in diesem Bereich ausgebaut werden, ist relativ offensichtlich, dass nicht genügend SAF am Markt zur Verfügung stehen wird und damit die Dekarbonisierung der Luftfracht ausgebremst wird. Verstärkt wird dieser Effekt dann teilweise noch durch falsche politische Steuerungsanreize für die Nutzung nachhaltiger Treibstoffe. Wenn zum Beispiel der ohnehin schon zu wenig vorhandene grüne Treibstoff im Straßenverkehr eingesetzt wird – wo es ja Alternativen gibt – und nicht im Flugbereich, wo es bisher noch keine Alternativen gibt: Dann ist absehbar, dass wir eine SAF-Beimischung von 30 Prozent für unsere Luftfracht-Flieger nicht erreichen können. Dies ist jedoch eine wichtige Voraussetzung für die Erreichung unseres Nachhaltigkeitsziels für 2030.

Was könnte angesichts derartiger Restriktionen besser funktionieren? Wie könnte eine Lösung aussehen, die effektiver bei der Dekarbonisierung der Wirtschaft hilft? Ein Ansatz könnte darin bestehen, die beschränkten Ressourcen branchenübergreifend stärker im Hinblick auf ihre Emissionsreduzierung zu priorisieren. Im Luftfahrtbereich liegen die Kosten pro eingesparter Tonne CO_2 bei 400 bis 600 Euro; es gibt aber etliche Branchen, in denen sich der gleiche Effekt mit 100 Euro oder noch weniger erzielen lässt. Wäre es dann unter ökologischen wie auch unter ökonomischen Gesichtspunkten nicht sehr viel sinnvoller, die Investitionen für die Dekarbonisierung in den Bereichen einzusetzen, wo sie den besten Return für jeden eingesetzten Euro erzielen würden?

Zumal auch die technische Umsetzung beispielsweise durch die Ausweitung von Trading-Plattformen einfacher zu implementieren wäre als viele der Instrumente, die derzeit in Form von Regulierungsauflagen erfolgen. Die Wirtschaft, das weiß ich aus vielen Gesprächen mit Kolleginnen und Kollegen in anderen Unternehmen, ist bereit, ihren Beitrag zu leisten – mit Geld und Knowhow.

Gewiss, Unternehmen wie die DHL Group gehen mit ihren Nachhaltigkeitsstrategien derzeit in Vorleistung. Wir sind aber fest davon überzeugt, dass sich kein relevantes Unternehmen einer Transformation zur Net-Zero Emission Company entziehen kann. Dabei gehen wir davon aus, dass wir mittelfristig wenigstens einen Teil dieser Investitionen am Markt auch wieder verdienen werden, Kunden also bereit sind, für grüne Angebote zu bezahlen. Ansonsten wären diese Aktivitäten langfristig nicht zu rechtfertigen.

Die Energiewende der Ampel-Regierung – Anatomie eines programmierten Scheiterns

Von Hubert Lienhard*

Der Klimawandel, so sagt uns die Wissenschaft mit warnenden Worten, ist derzeit die größte Bedrohung für die Menschheit und unsere Erde. Als Hauptursache dafür haben die Fachleute den Ausstoß von Treibhausgasen ausgemacht. Wenn man von diesem Befund ausgeht, dann ist es sicher sinnvoll, dass die Politik die CO_2-Reduktion und -Vermeidung zum allerersten und wichtigsten Ziel der Energiewende definiert und alle Maßnahmen danach ausrichtet, wie am frühesten und einflussreichsten CO_2 vermieden werden kann.

Derzeit hat die deutsche Bundesregierung ihre Ziele wie folgt definiert: Bis zum Jahr 2030 soll sich die Zahl der Fahrgäste im öffentlichen Personen-Nahverkehr verdoppeln. Bis dahin sollen auch 15 Millionen Elektrofahrzeuge emissionsfrei auf unseren Straßen fahren. Die Bundesregierung hat sich auch vorgenommen – bevorzugt bis 2030 –, aus der Kohleverstromung auszusteigen. 80 Prozent der Stromerzeugung hierzulande, so jedenfalls der Plan, werden wir dann aus erneuerbaren Energien gewinnen. Obendrein werden jährlich rund 500.000 Wärmepumpen installiert. Und bis zum Jahr 2045, so das Ziel der Bundesregierung, wird Deutschland klimaneutral sein.

Damit Deutschland auch dann genügend disponible Energie zur Verfügung steht, wenn Windmühlen und Solarpanels wegen sogenannter „Dunkelflauten" keine Energie liefern können, sollen bis dahin Gaskraftwerke Strom produzieren. Auf 20 Gigawatt taxiert die Bundesregierung diesen Bedarf. Das sind, je nachdem, wie man rechnet, 50 bis 200 Gasturbinen.

*Hubert Lienhard ist als Multi-Aufsichtsrat tätig, unter anderem bei EnBW, Siemens Energy, Heraeus Holding und SMS Holding.

Alles bestens also? Schön wär's. Denn die schlechte Nachricht lautet: Deutschland wird keines der propagierten Ziele in dem vorgegebenen Zeitraum erreichen.

Verantwortlich für die programmierte Diskrepanz zwischen Soll und Haben sind gleich mehrere Faktoren: Dazu gehört das Marktdesign im Energiebereich, das aufgrund der eingeleiteten Energiewende radikal verändert werden muss, weil das bisherige Regelwerk in dem anvisierten neuen Umfeld schlicht nicht mehr funktioniert. Mindestens ebenso gravierend ist der für die geplante Energiewelt von morgen erforderliche Ausbau eines in weiten Teilen neuen Energieverteilnetzes, dessen Realisierungsfortschritte weit hinter Zeitplan und Erfordernissen zurückbleiben. Hinzu kommen Lücken und handwerkliche Fehler in der Projektplanung, juristische und bürokratische Hürden sowie Realitäten bei Lieferketten und Manpower, die von den politischen Vorstellungen deutlich nach unten abweichen.

Vor allem aber fehlt ein schlüssiger Gesamtplan für eine zielorientierte Neuausrichtung der Energiepolitik. Das liegt nicht zuletzt daran, dass die Bundesregierung sich zusätzlich zu ihren umweltpolitischen Zielen gleich auch noch eine ganze Reihe von Einschränkungen auferlegt hat. So hat sie beispielsweise die Nutzung der Kernenergie bei der Transformation des Landes hin zu einer möglichst emissionsarmen Wirtschaftsgesellschaft zum Tabu erklärt. Genauso will sie am liebsten auf die Speicherung von Kohlenstoffdioxid in der Erde, das sogenannte Carbon Capture and Storage, verzichten. Und selbstredend soll die Energie, vulgo der Strom, idealerweise nur aus erneuerbaren Quellen kommen.

Damit geht Deutschland einen Sonderweg, dem bisher kein wirtschaftlich entwickeltes Land auf der Welt gefolgt ist. Kein Wunder, denn diese Einschränkungen führen zu einer sehr viel höheren Komplexität des Mammutprojekts „Energiewende“ und zu zusätzlichen und zum Teil kaum lösbaren Schwierigkeiten bei der Umsetzung, von gewaltigen Kosten ganz zu schweigen.

Die Probleme beginnen bereits bei der Planung. Die Bundesnetzagentur (BNA), die dem Bundesministerium für Wirtschaft und Klimaschutz untersteht, soll das deutsche Energieversorgungsnetz so ausbauen, dass die Ziele der Bundesregierung in der vorgegebenen Zeit erreicht werden. Dafür hat sie auch die zu erwartende Nachfrage nach Strom kalkuliert. Die BNA geht davon aus, dass 2045 praktisch alle Autos elektrisch angetrieben werden. Auch Wohnungen und Häuser sollen dann größtenteils elektrisch beheizt werden.

Dies führt dazu, dass der Stromverbrauch eines durchschnittlichen Vier-Personen-Haushalts von derzeit rund 4.000 Kilowattstunden auf etwa 12.000 Kilowattstunden steigen wird. Weil auch die Industrie bis dahin viele Prozesse von Öl und Gas auf Elektrizität umstellen soll, wird sich der Stromverbrauch in Deutschland insgesamt nach den Prognosen der BNA von rund 600 Terawattstunden im Jahr 2022 auf gut 1.200 Terawattstunden verdoppeln. Andere Fachleute taxieren für den Stromverbrauch sogar noch deutlich höhere Werte.

Größer noch als der Energiebedarf sind die erforderlichen Veränderungen im Energieverteilungsnetz. Bisher wurde Strom bevorzugt in Kraftwerken in der Nähe der großen Industrieregionen erzeugt und in das Netz eingespeist. Künftig kommt ein großer und weiter wachsender Anteil aus Norddeutschland, von Windmühlen auf dem Festland und zunehmend von Offshore-Anlagen in Nord- und Ostsee. Dadurch verändern sich die Anforderungen an die Netzinfrastruktur fundamental.

Gewaltige Strommengen müssen dann von den Windparks im Norden in die Industrieregionen an Rhein und Ruhr sowie im Süden und Südwesten des Landes transportiert werden. Um dies einigermaßen zuverlässig bewerkstelligen zu können, muss ein in weiten Teilen neues Hauptverteilnetz entstehen. Dieses Netz ist gewissermaßen das Backbone der neuen Energiepolitik. Wenn es nicht rechtzeitig fertiggestellt ist, können weder Wärmepumpen noch E-Autos mit grünem Strom aufgeladen werden.

Die Dimensionen eines solchen Netzaufbaus verlangen einen enormen Kraftakt. Beispiel Südlink: Um Windenergie vom Norden in den Süden zu bringen, entsteht eine Gleichstromleitung zwischen Wilster (unweit Itzehoe) in Schleswig-Holstein und Bergrheinfeld (bei Schweinfurt), und eine zwischen Brunsbüttel, an der Mündung der Elbe in die Nordsee gelegen, und Großgarten, einer Kleinstadt im Landkreis Heilbronn. Die zwei Erdkabel sollen vier Gigawatt über rund 700 Kilometer quer durch die Republik transportieren. Für die Leitungen muss ein vier Meter tiefer und sechs Meter breiter Graben ausgehoben (und wieder zugeschüttet) werden, über tausende von Grundstücken hinweg, unter ICE-Trassen, Autobahnen und Flussläufe, durch Wohngebiete und Naturschutzflächen.

Ein solches Infrastrukturprojekt kommt gerade in Deutschland einer Sisyphusarbeit gleich, nicht zuletzt, was Planung und Bürokratie angeht. Für jedes von der Trassenführung betroffene Grundstück – insgesamt sind es rund 19.000 – muss die Betretbarkeit für den Trassenbetreiber beantragt werden, die auch im Grundbuch eingetragen werden muss. Wenn dann Umweltschützer irgendwo eine schutzbedürftige Spezies ausmachen, drohen Verzögerungen und zusätzliche Kosten, etwa wenn Ausgleichsflächen geschaffen werden müssen.

Vor allem die Einführung des Verbandsklagerechts hat sich als Bremse erweisen, weil dadurch irgendeine unmittelbar gar nicht betroffene NGO etwa für einen Landwirt vor Ort den Klageweg beschreiten kann, mit genügend Ressourcen, dies notfalls durch alle Instanzen zu treiben. Das Vorhaben Südlink gerät so zu einem extensiven Betätigungsfeld für Interessensgruppen und Juristen. Spötter unken, inzwischen seien mehr Anwälte als Ingenieure in das Projekt involviert.

Kein Wunder, dass der Zeitplan für das Projekt bereits Makulatur war, noch bevor die Bauarbeiten begonnen hatten. 2022 sollte Südlink ursprünglich in Betrieb gehen. Doch ein Jahr später waren noch nicht einmal die wenigen Kilometer bis zur Elbe geschafft. Im September 2023 erfolgte der erste Spatenstich für die Elbquerung, fünf Jahre zu spät, wie Minister Habeck bei der Gelegenheit anmerkte. Nun soll der Strom ab 2028 durch die Erdkabel fließen. Doch Fachleute zweifeln heute schon, dass dieser Termin eingehalten werden kann. Zumal Südlink allein nicht genug Strom liefern kann. Nach den Plänen der BNA müssten eigentlich noch zwei weitere Übertragungsleitungen entstehen, wenn der Strombedarf auf die prognostizierten 1.200 Terawattstunden pro Jahr steigt.

Gewiss, die Bundesregierung will jetzt mit beschleunigten Genehmigungsverfahren Zeit aufholen. Die Absicht ist durchaus lobenswert, doch viele heute und in der Zukunft entstehende genehmigungstechnische Hindernisse liegen außerhalb der Einflusssphäre der Bundesregierung bei den Ländern, den Landkreisen und den Kommunen, von der EU ganz zu schweigen. Hinzu kommt, dass ein weiterer Engpassfaktor sich nicht durch eine Regierungsverordnung beseitigen lässt: In den Behörden bei Bund, Ländern und Kommunen fehlen schlicht Ingenieure, die die erforderlichen Planungen vorantreiben.

Viel Zeit und Geld verschlingt zusätzlich die weitere Stromverteilung im Verteilnetz bis hin zu den Nutzern. So erfordert beispielsweise die Elektrifizierung der Mobilität überall in den Städten noch sehr viel mehr Lademöglichkeiten. Auch dafür müssen Kabel verlegt werden, und zwar in großem Umfang. Die Folge: Umfangreiche Baumaßnahmen überall in den Städten. Wenn dann auch noch die großen Speditionen ihre Lkw-Flotten elektrifizieren, müssen weitere Kabel verlegt werden. Denn die bisherigen Leitungen sind für eine derartige Belastung nicht ausgelegt.

Die gesamten Kosten für den Netzausbau summieren sich auf 300 bis 350 Milliarden Euro, eine gewaltige Summe. Vor allem aber kostet die Installierung eines weitgehend neuen Energieverteilungsnetzes Zeit, und zwar sehr viel mehr Zeit, als die Politik kalkuliert hat. Die Folge: Das eigentliche Backbone, Voraussetzung für die Umsetzung vieler Maßnahmen zur Erreichung der Umweltziele, wird schlicht nicht rechtzeitig vorhanden sein, definitiv nicht bis 2030.

Der Zeitplan der Bundesregierung wird aber nicht nur beim Netzausbau gerissen. Die selbst auferlegten Einschränkungen, bei der Energieversorgung weitestgehend auf Wind und Sonne zu setzen, aus Kernkraft und sobald wie möglich auch aus der Kohleverstromung auszusteigen, zwingen dazu, neue Kapazitäten für die Energieerzeugung aufzubauen. Weil aber selbst in Norddeutschland im Schnitt an vier Tagen eines Monats kein Wind weht und im Winter Dunkelphasen nur wenig Solarenergie ermöglichen, ist eine disponible Energieerzeugung notwendig. Die Bundesregierung taxiert diesen Bedarf auf jährlich 20 Gigawatt, die bis zum Jahr 2030, dem bevorzugten Zeitpunkt des anvisierten Ausstiegs aus der Kohle, installiert sein sollen. Statt der Kohle sollen dann Gasturbinenkraftwerke als Energielieferant dienen. Nötig sind für 20 Gigawatt rund 50 große Gasturbinenkraftwerke.

Tatsächlich dürfte der Bedarf wohl noch deutlich größer ausfallen. Nach Meinung von Fachleuten aus der Industrie benötigt Deutschland sogar 40 Gigawatt. Allein für den industriestarken Südwesten des Landes hat eine Tochtergesellschaft des Energieversorgers EnBW einen Bedarf von 15 Großkraftwerken ermittelt – von denen heute noch kein einziges beantragt ist.

Für diese Zurückhaltung gibt es gute Gründe: Die neuen Gaskraftwerke würden unter den vorgegebenen Rahmenbedingungen vielleicht 1.000 Stunden pro Jahr laufen. In den vergleichsweise wenigen Stunden Betriebszeit würden die Anlagen viel zu wenig Erlöse einspielen, sie wären schlicht unwirtschaftlich. Bei dem heutigen Marktdesign würde deshalb keine Bank und kein anderer privater Geldgeber solche Anlagen finanzieren. Dass der Bund hier mit einer Finanzspritze einspringt, ist theoretisch denkbar, angesichts der angespannten öffentlichen Haushaltslage aber höchst unwahrscheinlich.

In einer solchen Konstellation ist ein neues Marktdesign zwingend. Doch das erfordert erfahrungsgemäß viel Zeit. So muss eine Fülle von Detailregelungen mit der EU-Kommission abgestimmt werden. Bis das Marktdesign neu geschrieben ist, vergehen drei bis fünf Jahre. Die Genehmigungsverfahren für solche Kraftwerke ziehen sich in der Regel drei Jahre hin, der Bau weitere zwei Jahre. Frühestens in neun, eher in zehn Jahren werden die Gaskraftwerke also genügend Strom produzieren können.

Die Bundesregierung wird deshalb auch ihr Ziel, nach Möglichkeit bis zum Jahr 2030 aus der Kohle auszusteigen, deutlich verfehlen – wenn die Annahme gilt, dass keine Regierung die Versorgungssicherheit der Industrie und der Bevölkerung riskieren wird. Unsere Elektroautos werden dann weiterhin mit Strom geladen, der zwischen 300 Gramm und 600 Gramm CO_2-Äquivalent pro Kilowattstunde aufweist (anstelle von rund 40 Gramm, wie in Frankreich). Und der CO_2-Effekt von Wärmepumpen ist dann nicht besser als der von Gasthermen.

So unrealistisch wie die Zeitpläne für den Netzausbau oder die Zulassung neuer Gaskraftwerke ist auch der anvisierte Ausbau im Bereich der erneuerbaren Energien. Derzeit sind in Deutschland rund 32.000 Windkraftanlagen onshore, also auf dem Land, installiert. Eine Anlage an einem guten Standort produziert an rund 2.000 Stunden im Jahr Strom; offshore, also auf See, ist es mit rund 4.500 Stunden mehr als doppelt so viel. Nach den Plänen der Bundesregierung soll die Zahl der Anlagen an Land in den kommenden Jahren verdoppelt werden. Offshore – hier liegen die aktuellen Kapazitäten bei einer Leistung von etwa zehn Gigawatt – ist eine Verdreifachung geplant. Und bei der Energieerzeugung durch Solarpanels sogar eine Verfünffachung.

Nur um die Dimensionen eines solchen Aufbaus zu verdeutlichen: Die europäische Windbranche, die derzeit unter erheblichem Ergebnisdruck leidet, müsste, um diese großen Wachstumsanforderungen in ihren Produktionen zu meistern, in einem riesigen Umfang in neue Kapazitäten investieren. Aber wie soll dies geschehen, wenn es keinen verpflichtenden Gesamtplan gibt, sondern nur die beschriebenen Einzelmaßnahmen, die nicht aufeinander abgestimmt erscheinen? Und woher soll das für ein derartiges Wachstum erforderliche Kapital kommen?

Es mangelt aber nicht nur an Geld. Probleme in den Lieferketten und andere Engpässe bremsen an zahlreichen Stellen einen zügigen Ausbau. Das beginnt bei den Kapazitäten im Tiefbau, die für die Verlegung von Kabeln auch in den Städten fehlen, und reicht bis zu Windkraftanlagen. Die Lieferzeiten für dabei benötigte große Transformatoren etwa liegen bei mehr als drei Jahren. Bei anderen Vorprodukten wie Getrieben und Schaltanlagen sieht es nicht besser aus. So fehlt es auch an genügend Kaianlagen und Transportschiffen, um Offshore-Windanlagen so zügig wie von der deutschen Politik geplant zu installieren.

Etliche Vorprodukte benötigen zudem „seltene Erden“, die insbesondere aus China kommen. Auch der Ausbau der Solarenergie hängt überwiegend von Lieferungen aus dem Reich der Mitte ab. Zusätzlich zu den nicht mehr zu verhindernden zeitlichen Verzögerungen macht sich Deutschland bei der Umsetzung der Energiewende damit von China abhängiger denn je. Eigentlich hatte die Politik ein De-Risking propagiert.

Schlimmer noch: Weil der Um- und Ausbau des Stromnetzes nicht rechtzeitig abgeschlossen sein wird, können etliche Windkraftanlagen und Solarpanels ihren Strom nicht einspeisen. Wir geben deshalb also sehr viel Geld für die Erzeugung erneuerbarer Energie aus, können aber einen Teil dieser Anlagen nicht effektiv nutzen.

Was ist zu tun? Lässt sich die Verschwendung von Zeit und Geld noch korrigieren, ohne dabei umweltpolitische Ziele aufzugeben? Oder ist der Point of no Return für eine Änderung der Energiepolitik bereits überschritten? Fest steht: Wenn die Bundesregierung tatsächlich das Ziel verfolgen will, möglichst schnell Treibhausgasemissionen zu reduzieren, braucht es ein komplettes Re-Design der Energiewende.

Basis für ein neues und realistisches Konzept wären zwei zentrale Überlegungen:

1. Dabei müsste die Politik ein solches Konzept vom Ende her angehen, wie eine Familie, die einen Hausbau plant: Zu welchem Termin will sie einziehen, wann muss dann der Innenausbau fertiggestellt sein, wann muss der Rohbau stehen – bis hin zu der Frage, wann der Bauantrag eingereicht sein muss.
2. Zusätzlich müsste sich das neue Konzept daran ausrichten, wie der CO_2-Ausstoß am billigsten, am effektivsten und am schnellsten reduziert werden kann.

Ein solches Vorgehen würde auch bedeuten, dass man bei der Energieerzeugung priorisiert, zuerst die größten Verschmutzer abschaltet und durch weniger belastende, im Idealfall CO_2-freie Energieerzeuger ersetzt. Dabei würden natürlich die regenerativen Energielieferanten Wind und Sonne ausgiebig genutzt. Die Grundlast würde allerdings anders als in den bisherigen Plänen sichergestellt. So würde man als Erstes Braunkohlekraftwerke stilllegen und – wenn Kernkraftwerke letztlich aus ideologischen Gründen leider ausscheiden – durch Gaskraftwerke ersetzen. Damit ließe sich immerhin schon eine Halbierung der Emissionen (bezogen auf die dabei erzeugte Strommenge) erreichen.

Diese Gaskraftwerke würden idealerweise an den Standorten installiert, an denen seit vielen Jahrzehnten bereits Kraftwerke stehen. Dadurch ließe sich im Planungs- und Genehmigungsprozess wertvolle Zeit gewinnen. Die Emissionen der Gaskraftwerke ließen sich zusätzlich drastisch senken, wenn dabei auch die Möglichkeit der CO_2-Erdlagerung genutzt würde. Bisher hat die Bundesregierung dieses Carbon Capture and Storage (CCS) abgelehnt. Doch inzwischen scheint hier sogar bei den Grünen ein Umdenken eingesetzt zu haben. Das CCS-Verfahren soll nun wohl doch erprobt werden.

Ein derart modifiziertes Konzept bietet aber noch einen weiteren deutlichen Vorteil: Während das Netz wegen des gewaltigen geplanten Ausbaus der Windenergie deutlich umfangreicher ausgebaut werden müsste, als bisher kalkuliert – darauf hat kurz vor Ende des Jahres 2023 auch die Bundesnetzagentur (BNA) hingewiesen –, würden mit CCS aufgerüstete Gaskraftwerke einen weitaus geringer dimensionierten Netzausbau ermöglichen. Obendrein wäre die Netzstabilität sehr viel leichter und kostengünstiger zu gewährleisten.

Ein solches Re-Design der Energiewende erfordert freilich ein Umdenken bei der Bundesregierung. Der politische Druck in diese Richtung mag stärker werden, aber das reicht wohl nicht. Mehr Hoffnung macht mir da schon eher, dass sich inzwischen auch im Lager der Regierungsparteien, nicht zuletzt auch bei den Grünen, Schwächen und widersinnige Wirkungen des bisherigen Ansatzes herumsprechen.

So hat selbst die von einem Grünen-Politiker geführte BNA kurz vor Weihnachten 2023 darauf hingewiesen, dass aus dem Ziel, 2030 aus der Kohleverstromung auszusteigen, nichts wird, weil der dafür nötige Netzausbau bis dahin noch nicht abgeschlossen sei.

Wenn die Realität die Lernkurve bei den bisherigen Bremsern einer sowohl wirtschaftlich machbaren wie auch ökologisch nachhaltigen Energiepolitik weiter beschleunigt, ist eine echte Kurskorrektur vielleicht doch noch möglich.

Der Innovationsstandort Deutschland braucht einen Kraftakt

Von Siegfried Russwurm*

Der Industriestandort Deutschland steht unter Stress. Nach fast drei Jahren Corona-Pandemie, rund zwei Jahren Krieg Russlands gegen die Ukraine und einer Wirtschaftspolitik, die vor allem in jüngerer Zeit mehr Komplexität als verlässliche Rahmenbedingungen schafft, sprechen die Zahlen eine deutliche Sprache: Während die Weltwirtschaft im Jahr 2024 immerhin um knapp drei Prozent wächst, werden wir in Deutschland, nach minus 0,3 Prozent im Jahr 2023, bestenfalls eine Seitwärtsbewegung sehen.

Und die Perspektive ist nicht besser. Die Ampelkoalition hat den Bundeshaushalt 2024 zwar mühsam durchgebracht, aber damit löste sie das grundlegende Problem nicht: Es mangelt an Zuversicht und Vertrauen, nachhaltiges Wachstum und globale Wettbewerbsfähigkeit schaffen zu können. Hierfür braucht es einen Transformationsplan, der klar die Kosten benennt und Prioritäten setzt.

Die Zahlen im internationalen Kontext sind eindeutig: Deutschland hinkt hinterher. Mehr noch, Deutschland ist laut Internationalem Währungsfonds (IWF) derzeit die einzige fortgeschrittene Volkswirtschaft, die schrumpft. Und wenn es so etwas wie einen Hoffnungsschimmer gibt, dann den, dass die maßgeblichen Regierungspolitiker inzwischen selbst um die überwiegend hausgemachten, strukturellen Schwächen des Wirtschaftsstandorts Deutschland wissen. Es ist ein Alarmzeichen, dass andere Industrieländer besser dastehen, trotz der „Polykrisen" im äußeren Umfeld. Deutschland muss es gelingen, wieder „besser" zu werden und Anschluss

*Siegfried Russwurm ist Präsident des Bundesverbands der Deutschen Industrie (BDI) und Multi-Aufsichtsrat.

zu finden. Für ein so weltmarktabhängiges, exportorientiertes und rohstoffarmes Land kann das nur heißen: Wir müssen die internationale Wettbewerbsfähigkeit verbessern, durch industrielle Leistungskraft und Innovationsstärke. Nur durch Wachstum schaffen wir die Transformation.

Die deutsche Wirtschaft muss sich also gewissermaßen neu erfinden. Aber wie? Eine wichtige Bedingung für wettbewerbsfähige Nachhaltigkeit in der „VUKA"-Welt – also einer volatilen, unsicheren, komplexen und ambivalenten Welt – ist Resilienz. Damit ist nicht etwa Autarkie gemeint, sondern ein strategisches Management von Interdependenzen. Ganz zentral ist hierbei, dass der Standort nicht einseitigen Abhängigkeiten ausgeliefert und damit erpressbar ist – also zum Beispiel in der Lage ist, kritische Rohstoffe sicher zu beschaffen und über das Knowhow verfügt, Spitzen- und Schlüsseltechnologien zu entwickeln und selbst zu fertigen.

Digitalwirtschaft, Mikroelektronik und Künstliche Intelligenz (KI) spielen eine entscheidende Rolle in der Transformation, aber nicht als Ersatz oder im Gegensatz zu der „Old Economy". Vielmehr ist es eine Symbiose dieser neuen Technologien mit klassischen industriellen Wertschöpfungsketten, die die Stärke der deutschen Industrie auf dem Weltmarkt ausmacht. Dieses Innovationspotenzial ist der Schlüssel, um auch in Zukunft Wohlstand zu erwirtschaften. Aber dieser Weg kann nur gelingen, wenn Deutschland und Europa nachhaltige Produkte und Geschäftsmodelle weltweit auf den Märkten anbieten können.

Die Rahmenbedingungen für eine deutsche Aufholjagd sind sicher nicht optimal. Jede Koalition, gleich welcher Zusammensetzung, wird nach dem Urteil des Bundesverfassungsgerichts nicht mehr darum herumkommen, finanzpolitisch vorausschauend zu planen. Eine Balance zwischen den nunmehr eingeschränkten finanzpolitischen Möglichkeiten und den Erfordernissen aus den Zielen von Transformation und Resilienz zu erreichen, wird damit sehr herausfordernd und verlangt die politische Klärung von Prioritäten im Ausgabenverhalten.

Diese Misere und das gleichzeitige krisenhafte Umfeld zwingen dazu, endlich mutige Schlussfolgerungen zu ziehen. Dafür braucht es einen politischen Kraftakt, um an den strukturellen Ursachen anzusetzen. Allein die Suche nach Milliarden hilft nicht, denn wie im Fußball gilt auch in der Politik: „Geld allein schießt keine Tore." Globale und nachhaltige Wettbewerbsfähigkeit angesichts zunehmend komplexer Herausforderungen erfordern die Kraft zu einer Innovations-Offensive, damit der Standort „besser" wird und im globalen Wettbewerb durch seine Innovationsführerschaft mithält.

Dafür ist vor allem Tempo geboten. Der Innovationswettbewerb ist in vollem Gange, und gerade Deutschland als größte Volkswirtschaft in der EU sollte trotz seines Handicaps als Hochkostenstandort mit der Exzellenz seiner vielfältigen Unternehmenslandschaft punkten können – vom mittelständischen „Leading Global Champion"[1] bis hin zum Großkonzern mit seinen Standorten auf vielen Märkten dieser Welt.

Dass Innovation der Schlüsselfaktor für Wohlstand ist und gleichzeitig die Grundlage, um den Anforderungen an Nachhaltigkeit, Dekarbonisierung und Effizienz künftig angemessen zu entsprechen, mag weitgehend unstrittig sein. Umso wichtiger ist dabei aber ein zutreffendes Verständnis der Ausgangslage. Der BDI hat im Jahr 2023 seinen Innovationsindikator erneuert. Der alte Indikator fokussierte auf die einzelnen Akteure – Staat, Gesellschaft, Wissenschaft und Wirtschaft. Der neue Innovationsindikator betrachtet das Innovationssystem ganzheitlicher

[1] Busch, Ayla / Knauf, Alexander et al. (Hgg.) 2023: Leading Global Champions. Das CEO-Buch, Springer: Berlin

und adressiert zudem die großen Herausforderungen unserer Zeit – einen zunehmenden Technologiewettbewerb, eine geopolitische Neuordnung sowie die Dekarbonisierung und die Digitalisierung.

Deshalb stellt der Innovationsindikator jetzt drei Aspekte in den Vordergrund:

1. Innovationen hervorbringen
2. Zukunftsfelder durch Schlüsseltechnologien entwickeln und
3. nachhaltig wirtschaften.

Zunächst eine schlechte Nachricht für die Wettbewerbsperspektive Deutschlands: Bei den Schlüsseltechnologien steht Deutschland nur auf Rang sieben und hat in den vergangenen Jahren mehrere Rangplätze eingebüßt. Deutschland droht vor allem bei digitaler Hardware – wie mikro- und nanoelektronischen Bauteilen – und neuen Materialien noch weiter zurückzufallen, weil andere Länder hier mehr investieren und sich stärker engagieren. Das aktuelle Niveau reicht nicht aus, um dauerhaft als Innovationsland in der Liga der gestaltenden Schwergewichte mithalten zu können. Lichtblick hingegen sind weiterhin ausgeprägte deutsche Stärken bei Produktionstechnologien, Energietechnologien und Technologien der Kreislaufwirtschaft.

Ernüchternd ist Deutschlands Ausgangssituation bei digitaler Vernetzung – wie Künstliche Intelligenz – und Biotechnologie. Hier rangiert Deutschland über den gesamten Analysezeitraum lediglich im Mittelfeld der 34 Vergleichsländer. Wachstumspotenziale werden durch engmaschige Regulatorik ausgebremst. In dieser Disziplin besteht dringender politischer Handlungsbedarf, auf nationaler wie auf EU-Ebene, der durch Weichenstellungen wie den AI Act der Europäischen Union nochmals größer wird.

Deutschland muss im Bereich der digitalen Vernetzung deutlich schneller vorankommen. Gerade die moderne deutsche Industrie mit ihren zunehmend automatisierten Logistik- und Wertschöpfungsketten bietet hier eine Vielzahl von Anwendungs- und Entwicklungsmöglichkeiten, die bei Weitem noch nicht ausgeschöpft werden. Die Innovationslandschaft hat Potenziale, der Motor funktioniert – wird aber ausgebremst, seine ganze Leistungsfähigkeit auszuschöpfen. Wenn wir weiter den bisherigen Weg gehen, bei Forschung und Entwicklung stark zu regulieren und jedes Risiko zu minimieren, anstatt Chancen zu eröffnen, verliert unser Standort gegenüber globalen Mitbewerbern noch mehr den Anschluss und in der Konsequenz dann auch industrielle Wertschöpfung in Deutschland.

Top-Nationen wie Finnland auf Platz 1 machen es vor: Der Standort dort besticht durch exzellente Wagniskapitalinvestitionen. Japan auf Rang 3 durch eine Spitzenposition bei Patenten, und die USA zeichnen sich durch ein Maximum an Freiheit und sehr einfachen Zugang zu Risikokapital aus.

Es stellt sich also die Frage, wie Deutschland wieder den Anschluss an die internationale Spitze gewinnen kann. Schwarzmalerei, Resignation und „Degrowth-Ideologien" sind aus Perspektive der Wirtschaft keine Option. Es braucht Lösungswege und gut durchdachte Konzepte. Und es braucht entschlossenes Handeln auch in der Politik, wohlfeilen Ankündigungen müssen endlich auch Taten folgen. So gehört es zur traurigen Wahrheit, dass nahezu nichts zur Entbürokratisierung des Innovationssystems geleistet worden ist – bis auf wenige Ausnahmen sind die Genehmigungs- und Förderverfahren weit davon entfernt, harmonisiert und digitalisiert zu werden; digitale Unterschriften sind im Verfahren in der Regel nicht zugelassen.

In finanzpolitisch herausfordernden Zeiten wie gegenwärtig ist die Politik zudem aufgefordert, vor allem solche Möglichkeiten auszuschöpfen, die wenig oder nichts an Haushaltsmitteln erfordern, aber doch wirkungsvolle Impulse setzen. Dazu gehören neben der Handelspolitik insbesondere Bürokratieabbau und eine zielgerichtete Regulatorik, die helfen, neue Märkte zu erschließen und neuen Technologien zum Hochlauf zu verhelfen. Immerhin sind die „Zukunftsstrategie Forschung und Innovation" sowie mit der Förderrichtlinie DATI-pilot auch die „Deutsche Agentur für Transfer und Innovation" (DATI) gestartet. Ebenso SPRIND, die Agentur für Sprunginnovationen, ein politisches Projekt aus der letzten Legislaturperiode. Doch gerade das Beispiel SPRIND zeigt, dass größere Freiheitsgrade nötig sind, damit diese Initiative ihr Potenzial bestmöglich entfalten kann. Das SPRIND-Freiheitsgesetz ist inzwischen in Kraft getreten. Anders das Thema Reallabore, ebenfalls ein politisches Projekt aus der vorhergehenden Legislaturperiode, bei dem jedoch noch immer der notwendige Gesetzentwurf auf sich warten lässt: Derartige Initiativen werden dringend zur Erprobung neuer Produkte und Geschäftsmodelle benötigt, für ihre umfängliche Umsetzung steht aber nach wie vor der Entwurf und die Umsetzung des im Koalitionsvertrag verankerten Reallaborgesetzes aus. Ein wichtiger Schritt in diese Richtung ist die Online-Konsultation zum Reallabore-Gesetz, die Ende September 2023 abgeschlossen wurde.

An Strategien und politischen Zielen fehlt es Deutschland wahrlich nicht, doch verheddert sich die Politik immer wieder in der zeitlichen und organisatorischen Orchestrierung und Umsetzung. Sie agiert zu zögerlich, es fehlt der Mut für den großen Wurf. Für die Industrie gehen aus der aktuellen Innovationspolitik deshalb wenig Impulse hervor.

Technologiehochläufe in umkämpften Märkten gelingen aber nur, wenn Gründungen ihre Ideen und wirtschaftliche Potenziale rasch in Wachstum umsetzen können. Dafür ist ausreichend Wagniskapital in allen Wachstumsphasen erforderlich. Aber, wie schon erwähnt: Geld allein reicht nicht.

Zwei weitere Faktoren müssen kumulativ hinzukommen. Erstens: Gründer werden Unternehmen dort starten, wo sie die besten Voraussetzungen für ihre Ideen vorfinden. Wenn wir es den Start-ups bereits in der Gründung mit überbordenden und viel zu langsamen Verwaltungsprozessen erschweren, rasch eine einfache rechtliche Struktur aufzusetzen, dann werden sie nach alternativen Standorten suchen.

Zweitens: Zum anderen muss ein ausreichend großer Markt bestehen, damit Investoren auf ein Unternehmen setzen. Deutschland ist für viele Investoren als Markt schlicht nicht groß genug. Wir müssen daher viel stärker europäisch denken und handeln und unseren Binnenmarkt gerade in digitaler Hinsicht endlich vollenden – zum Wohle eben auch der Start-ups. Gerade in der digitalen Wirtschaft ist Skalierbarkeit alles, und dafür muss der europäische Markt zum einheitlichen durchgängigen Markt auf so wichtigen Feldern wie Digitalisierung und Finanzen werden. Erst das eröffnet eine bessere Möglichkeit, den einheitlichen Märkten der USA und Chinas etwas entgegenzustellen.

Immerhin, mit ihrer Start-up-Strategie hat die Bundesregierung die Bedeutung des Themas Start-up erkannt und eine Vielzahl richtiger Maßnahmen für mehr Wagniskapitalinvestitionen in Deutschland ergriffen, wie beispielsweise den Zukunftsfonds, den DeepTech & Climate Fonds und die Aufstockung des Hightech-Gründerfonds. Unsere besondere Chance in Deutschland und in der EU sind technologiegetriebene Start-ups, die auf die vorhandenen starken Industriestrukturen aufsetzen. Gerade bei Schlüsseltechnologien und Deep-Tech-Hardware-Entwicklungen wird über einen langen Zeitraum mit hohem Investment-Risiko viel Kapital benötigt. DeepTech Start-ups brauchen also von Investoren und auch bei staatlicher Unterstützung besondere Voraussetzungen, nämlich geduldiges Kapital für längere Finanzierungsdauern und höhere Finanzierungsvolumina für umfangreichere Verlustphasen in der Forschungs-und-Entwicklungs-Phase der Gründung. Damit Wagniskapital bei wachstumsorientierten Start-ups ankommt, braucht es natürlich auch attraktive Exitkanäle für Investoren. Neben dem klassischen Börsengang sollten auch alternative Formen wie Special Purpose Acquisition Companies ermöglicht werden.

Um den Einstieg von etablierten Unternehmen in Start-ups zu forcieren, ist vor allem entsprechende Investitionsbereitschaft bei den Unternehmen notwendig. Hier kann die Politik durch eine Anpassung von steuerlichen Regelungen, etwa durch die Erleichterung von Kapitalerhöhungen, unterstützen. Der Gesetzentwurf zum Zukunftsfinanzierungsgesetz sieht deutliche Verbesserungen für die Mitarbeiterkapitalbeteiligung in Start-ups vor. Das ist eine gute Nachricht für unsere Start-up-Szene und den Tech-Standort Deutschland. Mit einer finanziell attraktiveren Beteiligung von Mitarbeiterinnen und Mitarbeitern können sich deutsche Start-ups endlich auf Augenhöhe im internationalen Wettbewerb um die besten Fachleute bewegen.

Neben der Tatsache, dass Deutschland in den vergangenen Jahrzehnten erfolgreich inkrementelle Innovationen hervorgebracht hat, braucht es Sprunginnovationen – und gerade dort den Anschluss an die Spitzentechnologie. Die Transformation der internationalen Wirtschaftsbeziehungen ist insbesondere geprägt durch einen Wettlauf um die Kontrolle von Schlüsseltechnologien. Was uns fehlt, sind disruptive Innovationen und gezielte Schlüsseltechnologieförderung, bei der Staat, Wissenschaft und Wirtschaft Hand in Hand gehen.

Innovationsführerschaft erfordert aber mehr Tempo. Insbesondere die Politik muss schneller werden. Gelingen kann das durch eine bessere Koordination der Aktivitäten einzelner Akteure und Ressorts im Rahmen der Innovationspolitik, idealerweise auf höchster Ebene. Und wie bereits erwähnt: Politik muss europäisch denken. Deutschland ist gefordert, seine Rolle als Vorreiter und Vordenker im europäischen Kontext stärker anzunehmen und die für Deutschland und Europa wesentlichen Themen vorausschauend anzustoßen und voranzutreiben.

Hier kann und muss die Politik auf europäische Instrumente wie die IPCEIs (Important Projects of Common European Interest) zurückgreifen und die zur Verfügung stehenden Mittel schnell an die Unternehmen weitergeben. Eine Flexibilisierung des Beihilferechts im Bereich der Schlüsseltechnologien muss angegangen werden, ohne einen Subventionswettbewerb auszulösen. Daneben müssen kartellrechtliche Grauzonen bei Unternehmenskooperationen beseitigt werden.

Ein Grundproblem der deutschen Innovationspolitik bleibt allerdings noch ungelöst: Es existiert bisher keine Gesamtstrategie für Innovation und die dafür erforderlichen Schlüsseltechnologien, die all die unterschiedlichen politischen Strategien und Stränge bündelt und in ein konsistentes Ganzes überführt. Auf der eingeübten Basis des Ressortprinzips macht weiterhin jedes Ministerium seine eigene Politik. Die Zukunftsstrategie Forschung und Innovation geht zwar einige Schritte auf dem Weg zu einer missionsorientierten Innovationspolitik. Diese Schritte sind jedoch viel zu zaghaft. Die sechs einzelnen Missionen der Zukunftsstrategie adressieren richtigerweise die großen Herausforderungen unserer Zeit, die Strategie ist allerdings noch zu wenig auf die Umsetzung der Ziele und zu stark auf die Bestandsaufnahme bestehender politischer Aktivitäten, die ohnehin als Aufgaben der Bundesregierung zu erwarten wären, ausgerichtet.

Für die Umsetzung der 188 Einzelziele hinter den Missionen werden letztlich auch Schlüsseltechnologien entscheidend sein, die aber im Rahmen der aktuellen Strategie nicht ausreichend klar benannt und mit der Industrie abgestimmt sind. Mittel- und langfristig muss die Aktivierung der Stakeholder gelingen, um die nötige Transformation voranzubringen. Noch ist die Zukunftsstrategie ein gutes Stück von ihrem selbstgesteckten Ziel entfernt, der wesentliche Kompass für Innovationen in Deutschland zu sein. Solch ein Kompass lässt sich nur durch eine auf Kriterien basierte Auswahl der zu fördernden Schlüsseltechnologien umsetzen. Hier muss der Staat zusammen mit den Unternehmen Bottom-up-Prozesse gezielt nutzen.

Und nochmals: Finanzielle Förderung durch den Staat ist natürlich wichtig – aber sie ist nur die halbe Miete. Zwei Drittel aller Forschungsausgaben in Deutschland stammen aus der Wirtschaft. Es ist daher sinnvoll, die Wirtschaft bei der Innovationspolitik eng einzubeziehen, gemeinsam Machbarkeiten zu eruieren und gemeinsame Ziele festzulegen. Die unverbindliche Anhörung der Wirtschaft im Rahmen der Stakeholderbeteiligung der „Zukunftsstrategie" ist ein guter Schritt in diese Richtung, aber nicht ausreichend.

Deshalb: Mindestens ebenso wichtig wie Geld ist der Abbau von Innovationshindernissen. Dazu gehört: Die Missionen müssen konkreter werden in ihrem Anspruch und durch missionsbezogene Roadmaps mit messbaren Zielen versehen werden. Reallabore sollten zur Missionsunterstützung eingesetzt werden. Klare und innovationsfördernde Regeln für die Nutzung von Forschungsdaten, die Innovation und Investitionen aus Sicht der Unternehmen ermöglichen, sind dringend erforderlich. Auch die Synergien zwischen militärischer und ziviler Forschung müssen und können viel gezielter genutzt werden. Und last but not least braucht die Verwaltung einen massiven Digitalisierungsschub.

Angesichts finanzpolitischer Unwägbarkeiten ist es umso dringlicher, endlich jene Stellschrauben zu bedienen, die Effizienz fördern und Komplexität reduzieren. Eine moderne und digitale öffentliche Verwaltung ist ein zentraler Standortfaktor, damit Unternehmen und Gesellschaft den enormen aktuellen und zukünftigen Herausforderungen erfolgreich begegnen können. So erfordert die Umsetzung der beschlossenen Klimaziele einen Umbau weiter Teile der deutschen und der europäischen Wirtschaft. Neben dem Ausbau der erneuerbaren Energien und der Gas- und Stromnetze müssen auch in den Unternehmen industrielle Infrastrukturen und Produktionsanlagen in großem Umfang umgebaut werden. Dem dadurch ausgelösten gewaltigen Genehmigungsmarathon werden die Überkomplexität der deutschen Planungs- und Genehmigungsverfahren und die viel zu langsame Bearbeitungsgeschwindigkeit weithin nicht gerecht.

Unternehmen wollen in neue Anlagen investieren und werden von der Bürokratie ausgebremst. Jede Produktionsumstellung, die Innovationen etwa für die Erzeugung oder den Einsatz von Wasserstoff, jede Erneuerung eines Filters oder einer Energiequelle braucht eine Genehmigung.

Die Industrie geht von einer Verdoppelung der Genehmigungsverfahren bis 2030 aus, bis zu 20.000 zusätzliche Verfahren wird es geben. Verwaltungsverfahren müssen daher in ihrer Komplexität und Dauer drastisch reduziert werden.

Der am 6. November 2023 beschlossene Pakt zur Beschleunigung von Verfahren beinhaltet etliche gute Ansätze, um Genehmigungsverfahren für alle Industrieanlagen erheblich zu beschleunigen. Die Vorschläge im Pakt, etwa die Einführung einer Stichtagsregelung für die Berücksichtigung von Rechtsänderungen in laufenden Planungs- und Genehmigungsverfahren, mehr Anzeigeverfahren, Einführung von Genehmigungsfiktionen und Fristverkürzungen sowie verbesserte Möglichkeiten zum vorzeitigen Maßnahmenbeginn und für fakultative Erörterungstermine sind zu begrüßen.

Doch auch hier muss noch mehr passieren, viel mehr. Dazu könnte die digitale Transformation der öffentlichen Verwaltung einen entscheidenden Beitrag leisten – nicht zuletzt mit Blick auf den Expertenmangel, der auch dort zunimmt. Schon im September 2000 hat die damalige Bundesregierung unter Bundeskanzler Schröder vorgesehen, dass alle onlinefähigen Dienstleistungen des Bundes bis Ende 2005 digital verfügbar sein sollten. Zahlreiche eGovernment-Ambitionen später – wir schreiben Anfang des Jahres 2024 – sind gerade einmal 167 von 575 OZG-Leistungen (von den Behörden definierte Verwaltungsleistungen) bundesweit verfügbar.

Das Organisationskonto ist fast ausschließlich in Bremen und Bayern verfügbar. Laut einer Umfrage des BDI unter seiner Mitgliederschaft kennt nicht einmal die Hälfte der Unternehmen das Organisationskonto; nur 15 Prozent nutzen es. Durch die Implementierung eines bundesweiten Organisationskontos im Zusammenspiel mit der Registermodernisierung und der Implementierung des Once-Only-Prinzips könnte die deutsche Industrie – nach konservativen Schätzungen – um mindestens 60,3 Millionen Euro entlastet werden. Daher erachten 85 Prozent der Unternehmen die Umsetzung des Organisationskontos als dringend oder sogar sehr dringend. Doch die Verwaltungsdigitalisierung kommt in Deutschland nicht voran. Und der Bundeshaushalt für 2024 enthält die nächste Hiobsbotschaft: Für die Digitalisierung der Verwaltung stehen im Jahr 2024 nur noch 113,3 Millionen Euro im Etat des Bundesinnenministeriums zur Verfügung – verglichen mit 377 Millionen Euro im Jahr 2023. Es ist zu befürchten, dass Einer-für-alle-Lösungen dann nicht wie geplant in der Fläche umgesetzt werden. Aber auch hier geht es wieder nicht nur um Geld: Der Flickenteppich digitaler Lösungen in den Ländern untereinander und im Hinblick auf den Bund wird eher zu- als abnehmen, wenn es weiterhin keine bundesweite Entwicklerplattform, keine gemeinsame Architektur und keine gemeinsamen Schnittstellen und Standards gibt. Das OZG-Änderungsgesetz könnte in puncto Schnittstellen und Standards die Trendumkehr bringen, wenn die dort vorgesehenen Vorhaben zu Standards zügig durch Bund und Länder umgesetzt werden.

Das Onlinezugangsgesetz aus dem Jahr 2017 sollte bis Ende 2022 umgesetzt sein: Bund, Länder und Kommunen hätten mehr als 6.000 einzelne Verwaltungsleistungen digitalisieren sollen. Die Verlängerung bis Ende 2023 war bereits ein Kompromiss zwischen Bund und Ländern, weil die umfassende Digitalisierung vielfach noch am Anfang stand. Viele Gelder waren und sind bisher nicht in Anspruch genommen worden, das breitflächige Ausrollen der einzelnen Digitalprojekte ist noch längst nicht abgeschlossen. Ein Blick in das Dashboard „Digitale Verwaltung zur OZG-Umsetzung“ zeigt: Für die Digitalisierung von Anlagengenehmigungen und -zulassungen sind zwar mittlerweile drei von vier Schritten erfolgt, der bundesweite Rollout und damit die Nutzbarkeit für die Industrie ist immer noch nicht erfolgt. Die schwierige Zusammenarbeit von Bund und Ländern sowie fehlender Entscheidungs- und Durchsetzungswille sind Gründe für die schleppende Digitalisierung von Verwaltungsverfahren.

Lange galt die öffentliche Verwaltung in Deutschland aufgrund von Rechtstreue und Verlässlichkeit als Vertrauensanker für den Standort. Mittlerweile behindert sie die dringend notwendige digitale und grüne Transformation und belastet das Vertrauen in die Regenerationskraft des Staates, wie auch jüngste Umfragen in der Bevölkerung zeigen. Die Ziele wurden verfehlt, weil zwischen Bund, Ländern und Kommunen die entscheidende Kraft fehlt, das Projekt nach vorne zu treiben. Die fehlende Kooperationsbereitschaft zwischen den Ländern erachten 77 Prozent der Unternehmen und die fehlende Kooperationsbereitschaft zwischen Bund und Ländern 69 Prozent der Unternehmen als zentrales Hemmnis für eine effiziente und rasche Verwaltungsdigitalisierung. Es bedarf der Entwicklung gemeinsamer Architekturprinzipien, Standards und Schnittstellen sowie der konsequenten Modernisierung und Zusammenführung staatlicher Register, um die Verwaltungsmodernisierung endlich flächendeckend zum Erfolg zu verhelfen. Befindlichkeiten einzelner Länder – wie die Sichtbarkeit des eigenen Landeswappens auf Websites – müssen der Vergangenheit angehören. Sie behindern massiv die digitale und grüne Transformation des Standorts.

Die kritische Lage der deutschen Wirtschaft ist inzwischen auch in der Politik bekannt. Wir dürften jetzt eigentlich keine Erkenntnisdefizite mehr haben. Jetzt ist es Zeit zum Handeln. Dem Ziel nachhaltiger, globaler Wettbewerbsfähigkeit liegt mit der finanzpolitischen Unsicherheit ein großer Stein im Weg, der rasch beseitigt werden muss – in enger Abstimmung zwischen Politik und Wirtschaft. Darüber hinaus braucht es jetzt einen Ruck, Innovationen und Investitionen am Standort in höherer

Geschwindigkeit zu ermöglichen. Staat und Verwaltung müssen zwingend und schnell unkomplizierter und digitaler werden. Das wäre Rückenwind für die Entfesselung marktwirtschaftlicher Kräfte. Es ist geboten, endlich den Ballast abzuwerfen, der die deutsche Wirtschaft daran hindert, ihre volle Innovationskraft auszuschöpfen, um neue Wachstumsimpulse zu setzen. Es muss alles dafür getan werden, das Unternehmertum in der sozialen Marktwirtschaft, die Lust am Innovieren und den Freiraum für neue Ideen zu stärken.

Nachhaltig fliegen – von der Vision zur Wirklichkeit

Von Daniel Wiegand und Tom Enders*

Der Kampf gegen den Klimawandel prägt die Agenda von Wirtschaft und Gesellschaft im 21. Jahrhundert wie kaum ein anderes Thema. Dekarbonisierung, also die Verringerung und nach Möglichkeit vollständige Vermeidung von Treibhausgas-Emissionen, gehört in fast allen Industrieunternehmen zu den zentralen strategischen Zielen. Bei der Umsetzung entsprechender Maßnahmen werden zum Teil beachtliche Fortschritte erzielt.

Allerdings sind die Voraussetzungen für nachhaltiges und möglichst emissionsfreies Wirtschaften von Branche zu Branche höchst unterschiedlich. Zu den ausgesprochen herausfordernden Sektoren gehört etwa die Zementindustrie, die weltweit rund sieben Prozent der Kohlenstoffdioxid-Emissionen verursacht. Als kritische Branche gilt auch die Luftfahrt.

Zwar verursacht der Flugverkehr Stand Ende 2023 lediglich zwei bis drei Prozent der globalen CO_2-Emissionen, der Effekt aufs Klima ist allerdings deutlich größer. Zwei Faktoren sind dafür maßgebend: Zum einen werden die Abgase überwiegend in großer Höhe ausgestoßen. Dazu kommen die Kondensstreifen der düsengetriebenen Flugzeuge. Dabei handelt es sich zwar „nur" um Wasserdampf, der bei Temperaturen von rund minus 40 Grad in 10.000 Meter Höhe zu Eiswolken friert. Dadurch wird allerdings der Treibhauseffekt weiter verstärkt.

*Daniel Wiegand ist Mitgründer und Vorstand beim Luftfahrtunternehmen Lilium.
Tom Enders war lange in Führungspositionen bei Airbus/EADS tätig und ist heute Aufsichtsrat bzw. Mitglied des Board of Directors bei Lufthansa, Linde, General Electric und Lilium.

Studien taxieren den globalen Anteil des Luftverkehrs am Klimaeffekt insgesamt auf vier bis sechs Prozent. In den Industrieländern ist er jedoch deutlich höher. Analysen für Großbritannien etwa haben einen Klimaeffekt von acht Prozent ergeben. Auch in anderen Industriestaaten dürfte er überdurchschnittlich sein. Der Druck auf Airlines und Flugzeughersteller, sich des Themas Emissionen anzunehmen, ist deshalb jetzt schon groß.

Und er wird in den kommenden Jahren noch steigen. Denn in dem Ausmaß, in dem es anderen Industrien gelingt, ihren CO_2-Fußabdruck zu verbessern – etliche Branchen wie beispielsweise Automobilbauer haben hier bereits beeindruckende Erfolge erzielt –, wird der Anteil der Luftfahrt automatisch zulegen. Mehr noch: Weil die Branche weltweit weiterhin auf Wachstumskurs ist und Fliegen vor allem in Asien immer beliebter wird, wächst auch die Zahl der Flugzeuge und Flugbewegungen nahezu ungebremst. Experten prognostizieren, dass die Luftfahrt ihre geflogenen Kilometer bis 2050 verdoppeln wird. Damit verdoppelt sich auch das CO_2- und Klimaproblem der Branche. In zehn, spätestens 15 Jahren könnte der Anteil des Luftverkehrs an den Treibhausemissionen zweistellig liegen; mittelfristige Horrorszenarien reichen bis zu 50 Prozent, wenn es anderen Industrien nachhaltig gelingt, ihre Emissionen drastisch zu reduzieren.

Die Branche ist sich ihrer ökologischen Herausforderungen bewusst. Die internationale Luftverkehrs-Vereinigung IATA und die internationale Zivilluftfahrtorganisation ICAO haben sich das Ziel gesetzt, bis zum Jahr 2050 mit Netto-Null-CO_2-Emissionen zu fliegen. Zahllose Fachkonferenzen diskutierten, wie Klimaneutralität in der Luftfahrt erreicht werden kann. Konsens besteht vor allem darüber, dass Dekarbonisierung, das Vermeiden von Treibhausgas-Emissionen, in wohl keiner anderen Branche so schwierig zu erreichen ist wie in der Luftfahrtindustrie.

Die Branche hält zwar mit immer effizienteren, verbrauchsärmeren Triebwerken dagegen. Doch die damit verbundenen Einsparungen an CO_2 laufen Gefahr, durch das globale Marktwachstum überkompensiert zu werden. Das Emissionsproblem wird insofern eher weiter zunehmen. Deshalb setzt die Branche vor allem darauf, das umweltschädliche Kerosin durch andere, nachhaltige Treibstoffe zu ersetzen, also durch E-Fuels/Syn-Fuels oder Sustainable Aviation Fuel (SAF). Dass die Luftfahrtindustrie diese Varianten als Lösung favorisiert, ist leicht nachvollziehbar. Ließe sich das Emissionsproblem auf diese Weise lösen, würden die bisherigen Technologien nicht entwertet. Die Airlines könnten also ihre vorhandenen Flotten weiter nutzen, einschließlich der Triebwerke und der bestehenden Flugzeug-Designs.

Allerdings sind sowohl E-Fuels/Syn-Fuels als auch SAF eher Teillösungen, die im massenhaften praktischen Einsatz kaum oder nur zu gewaltigen Kosten nutzbar wären. E-Fuels lassen sich mit Hilfe großer Mengen elektrischer Energie aus Kohlenstoffdioxid und Wasser herstellen. Produktion und Nutzung durchlaufen allerdings mehrere Umwandlungsstufen, bei denen sehr viel Energie verloren geht. Entsprechend schlecht ist die Energiebilanz. Umgerechnet auf einen Passagier-Kilometer erreicht die Energieeffizienz der E-Fuels – mit grünem Strom als Primärenergie – bis zum Triebwerk nur 13 Prozent. Zudem fehlt es am Angebot. Weil es bisher und noch auf absehbare Zeit keinen grünen Wasserstoff und kein CO_2-Capturing aus der Atmosphäre gibt, fehlen die Zutaten für eine E-Fuels-Herstellung in großem Stil. Diese Nachteile haben die Europäische Union veranlasst, den Einsatz von E-Fuels im Autoverkehr zu verbieten.

Selbst wenn E-Fuels bzw. SAF in großem Stil in Zukunft verfügbar wären, würden sie jedoch nur die CO_2-Emissionen der Luftfahrt vermeiden. Alle anderen Klimaeffekte – die immerhin die Hälfte des Klimaeffekts der heutigen Luftfahrt ausmachen – blieben ungelöst. Knappheit der verfügbaren Ressourcen dürfte auf absehbare Zeit auch einem breiten Einsatz von SAF entgegenstehen. Die für massenhafte SAF-Produktion notwendige Biomasse steht schlicht nicht zur Verfügung. Hinzu kommt die Kritik von NGOs und anderen Lobbygruppen, die Herstellung von SAF gehe perspektivisch zu Lasten der Nahrungsmittelproduktion. Die Folge: Im praktischen Einsatz kann SAF lediglich in homöopathischer Dosierung von wenigen Prozent dem Kerosin beigemischt werden – viel zu wenig, um einen mehr als submarginalen Beitrag zur Dekarbonisierung der Luftfahrt zu leisten.

Größere Potenziale zur Lösung des Emissionsproblems als E-Fuels und SAF bieten technologische Innovationen. Dabei sind zwei Varianten derzeit schon weit in der Entwicklung fortgeschritten: Wasserstoff in Verbindung mit Brennstoffzellen einzusetzen und batterieelektrisches Fliegen.

Im Vergleich zu E-Fuels etwa kommen Wasserstoff-Flugzeuge dem Traum vom emissionsfreien Fliegen deutlich näher. Wenn der (grüne!) Wasserstoff dabei in Brennstoffzellen verarbeitet wird, werden sogar weder CO_2 emittiert noch Kondensstreifen erzeugt. Allerdings sind die meisten aktuellen Projekte so konzipiert, dass der Wasserstoff in Triebwerken verbrannt wird – mit der Folge, dass Kondensstreifen entstehen und einen entsprechenden Treibhauseffekt auslösen.

Der Einsatz von Wasserstoff stößt zudem auf einige Restriktionen. So liegt die volumetrische Energiedichte im Vergleich zu Kerosin selbst bei Flüssigwasserstoff lediglich bei rund einem Viertel. Die Folge: Die Reichweite von Flugzeugen, die mit flüssigem Wasserstoff angetrieben werden, ist beim

Stand der derzeitigen Technik auf maximal 3.000 Kilometer beschränkt, bei den meisten derzeit konzipierten Wasserstoff-Fliegern sogar deutlich weniger. Ein weiterer gravierender Nachteil dieser Technologie besteht darin, dass eine nahezu komplett neue Infrastruktur erforderlich ist. Die Airlines benötigten dann komplett neue Flotten. Zusätzlich müssten Tankstationen und Verteilernetzwerke am Boden geschaffen werden.

Vorteilhafter fällt die Nutzen-Kosten-Analyse beim batterieelektrischen Fliegen aus. Sie weist die mit Abstand höchste Primär-Energieeffizienz unter den nachhaltigen Alternativ-Antrieben auf. Rund 75 Prozent werden in Antriebskraft umgesetzt (im Vergleich zu 25 Prozent bei Wasserstoff und 13 Prozent bei E-Fuels/Syn-Fuels). Lufthansa-Chef Carsten Spohr hat die Dramatik dieser Zahlen so zusammengefasst: „Um die Treibstoffe [eFuels] ausreichend herzustellen, bräuchten wir etwa die Hälfte des gesamten deutschen Stroms“, erklärte Spohr im September 2023 auf einer Tagung in Berlin. Die andere Hälfte wäre dann für die anderen in Deutschland tätigen Airlines zu reservieren. E-/Syn-Fuels können somit allenfalls einen kleinen Beitrag als Beimischung zu Kerosin leisten.

Dass im Flugbetrieb keinerlei Emissionen anfallen, macht den batterieelektrischen Antrieb zur umweltfreundlichsten Form des Fliegens, aber auch zur kostengünstigsten. Die Batterie erzielt ihren Kostenvorteil vor allem wegen ihrer vergleichsweise hohen Energieeffizienz. Dazu trägt bei, dass der Energieverlust beim Ladevorgang sehr gering ist.

Zu den gerne angeführten Nachteilen dieser Technologie gehört, dass bisherige Batterien nur relativ wenig Energie speichern können, die Reichweite deshalb noch sehr beschränkt ist. Batteriezellen kommen derzeit nur auf ein Sechzehntel bis ein Zwanzigstel im Vergleich zu einem Kilogramm Kerosin. Während konventionelle Flugzeuge damit 16.000 Kilometer Distanz schaffen, wären es bei Batterien heute 600 bis maximal 1.000 Kilometer. Allerdings: Der Batterieflieger hat schon heute den Vorteil, dass er die gespeicherte Energie in der Batterie effizienter (90 % Wirkungsgrad im Antriebsstrang) nutzt als die Gasturbine (50 % Wirkungsgrad). Hier liegt das Zukunftspotenzial.

Deshalb ist es ein Fehler, E-Flieger auf Basis der heutigen Batterietechnologie zu bewerten. Die Energiedichte von Batterien und damit auch ihre Reichweite hat in den vergangenen 20 Jahren um sechs bis sieben Prozent pro Jahr zugelegt. Ein heute entwickeltes Elektroflugzeug kommt realistischerweise im Jahr 2032 auf den Markt, würde dann zehn Jahre produziert und wäre dann rund 20 Jahre in Betrieb. Relevant für die Beurteilung eines solchen Flugzeugs wäre damit die Batterietechnologie der Jahre 2032 bis 2050.

Und das Entwicklungstempo in der Branche ist hoch. Im Jahr 2023 gehörten Batterien mit einer Leistung von 250 Watt-Stunden pro Kilogramm (Wh/kg) zum Standard, doch schon in Kürze dürfte die doppelte Energiedichte verfügbar sein. Der weltweite Branchenprimus CATL in China hat Ende 2023 angekündigt, demnächst eine Batterie auf den Markt zu bringen, die bis zu 500 Wh/kg erreicht.

Etliche Projekte aus der laufenden Forschung lassen weitere Steigerungen bei der Energiedichte erwarten. Im Labor sind bereits 700 Wh/kg übertroffen worden. Wissenschaftler haben für Lithium-Schwefel-Batterien eine theoretische Obergrenze von 3.200 Wh/kg ermittelt, für Lithium-Luft-Batterien waren es sogar 11.000 Wh/kg. Letztere können theoretisch somit genau so viel Energie speichern wie Kerosin. Gewiss, hierbei handelt es sich noch um Forschungsprojekte, bis zur Marktreife dürften hier noch 15 bis 20 Jahre vergehen. Doch sicher ist auch, dass Batterien ihr volles

Energiepotenzial noch lange nicht ausschöpfen. Zumal in jüngeren Jahren enorme Summen in die Batterieentwicklung fließen. Typischerweise sieht man die Energiedichte-Rekorde aus der Forschung sechs bis acht Jahre später in der industriellen Produktion.

Für die Anwendung von E-Fliegern hat diese Entwicklung eine kaum zu unterschätzende Bedeutung. Mit einer Leistung von 700 Wh/kg ist eine operative Reichweite von 1.100 km erzielbar. Bei 1.100 Wh/kg-Batterien beträgt die operative Reichweite sogar 2.000 km. Selbst bei konservativer Schätzung mit einer jährlichen Verbesserung um „nur" 4,5 Prozent werden solche Batterien spätestens in den Jahren 2040 bis 2050 Wirklichkeit.

Damit wird klar: Die Leistungssteigerung bei den Batterien wird die Einsatzmöglichkeiten von E-Flugzeugen deutlich erweitern. Mit einer Reichweite von 2.000 km lassen sich bereits mehr als 80 Prozent aller weltweiten Flüge elektrifizieren. Denn die meisten Flugbewegungen finden innerhalb von Kontinenten statt. Stark frequentierte Strecken wie Frankfurt – Mallorca (ca. 1. 230 km), München – London (knapp 950 km), Paris – Berlin (knapp 900 km) oder Zürich – Stockholm (rund 1.500 km) stellen ideale Einsatzmöglichkeiten für E-Flugzeuge dar. Ähnlich verhält es sich mit inneramerikanischen oder innerasiatischen Flügen.

Natürlich, Langstreckenflüge legen deutlich längere Distanzen zurück. 80 Prozent der Flüge mit batterieelektrischem Antrieb mit Entfernungen bis zu 2.000 km entsprechen deshalb etwa 50 Prozent der Passagierkilometer insgesamt. Die Konsequenz: Mit dem Einsatz von E-Fliegern lassen sich in absehbarer Zeit 50 Prozent der Luftfahrt dekarbonisieren und damit klimaneutral durchführen – ein gewaltiger Fortschritt. Zumal 50 Prozent langfristig keineswegs die Obergrenze darstellen.

Wenn 40 Prozent der heutigen Ticketpreise von den Energiekosten getrieben werden, wenn Batterien sechsmal effizienter sind als eFuels oder dreimal effizienter sind als Wasserstoff, dann werden auch die Ticketpreise bei Batteriefliegern am Ende preiswerter sein.

Etliche Unternehmen in den Vereinigten Staaten, China und Europa, darunter Lilium, arbeiten seit Jahren an der Entwicklung von batterieelektrischen Flugzeugen. Diese Projekte sind inzwischen weit fortgeschritten. Und Lilium befindet sich dabei erfreulicherweise unter den Ersten. Die Vorarbeiten an unserem ersten batterieelektrischen Flieger, einem sechssitzigen Senkrechtstarter, sind inzwischen weitgehend abgeschlossen. Der Jet, der perspektivisch beispielsweise für Zubringerflüge über Distanzen von bis zu 400 km ideal einsetzbar ist, befindet sich derzeit in der Endmontage. Nach dem anschließenden Rollout stehen etliche Systemintegrationstests an, wo Triebwerke, Leistungssysteme und andere Komponenten einem gründlichen Check-up unterzogen werden.

Ende 2024 soll der Jungfernflug des Zulassungsflugzeugs stattfinden. Danach folgen im Rahmen des Zulassungsverfahrens noch 800 bis 1.000 Flugstunden. Mit sechs Maschinen im Zulassungsverfahren wird der Lilium-Jet weltweit der erste Elektro-Jet, der eine Zulassung erhält. Nach unseren Planungen sollen 2026 die ersten Auslieferungen an unsere Kunden erfolgen. Auch unsere Wettbewerber wollen in einem ähnlichen Zeitfenster erste Maschinen zertifiziert und in Dienst gestellt haben.

Auf dem Weg zur Elektrifizierung der Luftfahrt ist der Lilium-Senkrechtstarter ein wichtiger Zwischenschritt, aus dem unsere Entwicklungs-Ingenieure wertvolle Erkenntnisse gewinnen konnten. Diese fließen in die Vorbereitung für ein zweites, deutlich größeres E-Flugzeug ein. Dabei handelt es sich um ein konventionell startendes und landendes Flugzeug mit Platz für 70 bis

90 Passagiere. Es wird mit einer Druckkabine ausgestattet, soll mit Mach 0,7 (rund 865 Kilometer pro Stunde) in 10.000 Meter Höhe fliegen und wäre mit einer operativen Reichweite von 2.000 km bis spätestens 2050 prädestiniert für den Einsatz innerhalb von Kontinenten. Dieser E-Flieger soll bereits in etwa zehn Jahren auf den Markt kommen.

Beide Flugzeug-Typen zeichnen sich dadurch aus, dass die Akku-Packs nach ihrer Nutzungsdauer von etwa 1.500 Einsatzzyklen durch Batterien der jeweils neuesten Generation ersetzt werden können. Das bedeutet für die praktische Nutzung, dass die Flugzeuge an Reichweite gewinnen und/oder mehr Gewicht beziehungsweise mehr Passagiere transportieren können. Diese permanente Integration des technischen Fortschritts in die vorhandene Flotte wirkt gleichzeitig wertsteigernd. Anders als konventionelle, mit Kerosin angetriebene Flugzeuge, die von Anfang an Abschreibungen erzeugen, gewinnen E-Flugzeuge – zumindest für einige Jahre – an Wert.

Der Anspruch der Nachhaltigkeit gilt dabei selbstverständlich nicht nur für das Fliegen, sondern auch für die Batterie – von ihrer Herstellung über ihr Betanken mit (grünem) Strom bis zum Recycling. Auch dies sollte in den kommenden zehn bis 15 Jahren gelingen. So hat sich der Weltmarktführer CATL verpflichtet, seine Batteriezellen bis 2035 zu 100 Prozent CO_2-neutral zu produzieren. Vergleichbares gilt auch für die Herstellung der E-Flugzeuge: In dem Ausmaß, in dem die Industrie mit grünem Strom versorgt wird, kann auch ein Flugzeug mit all seinen Komponenten nachhaltig produziert werden.

Die technischen und wirtschaftlichen Vorteile machen den batterieelektrischen Antrieb im Vergleich zu den Alternativen E-Fuels, SAF und Wasserstoff zur logischen Antwort auf die Frage, wie emissionsfreies Fliegen möglich werden kann. Bereits in zehn Jahren kann ein wachsender Anteil des Regionalflugverkehrs mit E-Fliegern bedient werden. Wir bei Lilium wollen einen Beitrag dazu leisten und sehen für diese Technologie sehr gute Chancen.

Nachhaltiges Fliegen wird kommen. Von der Vision zur Wirklichkeit sind es nur noch zehn oder 15 Jahre.

Unsere MAN-Mission: „Die Dekarbonisierung des Straßengüterverkehrs“

Von Frederik Zohm*

Ein kontinuierlich fließender Güterverkehr gehört zu den Basisvoraussetzungen für eine florierende, hochentwickelte Volkswirtschaft. Ohne möglichst reibungslos funktionierende Logistikketten und zuverlässige Just-In-Time-Belieferung könnte eine arbeitsteilige und exportorientierte Industriegesellschaft wie Deutschland im internationalen Wettbewerb nicht vorne mitspielen.

Das dabei bewegte Volumen an Waren ist beeindruckend: Mehr als 3,641 Milliarden Tonnen wurden 2022 nach Angaben des Statistischen Bundesamts hierzulande auf dem Land (Straßen, Schienen), zu Wasser und in der Luft bewegt – das mit Abstand meiste dabei auf der Straße: rund 3,1 Milliarden Tonnen. Der Straßengüterverkehr erbringt damit rund 85 Prozent der Güterverkehrsleistung in Deutschland.

Und der Güterverkehr wird noch weiter zunehmen. Das Bundesministerium für Digitales und Verkehr erwartet bis zum Jahr 2051 im Vergleich zu 2019, dem letzten Jahr vor der Corona-Pandemie, eine Steigerung der Verkehrsleistung von 679 auf 990 Milliarden Tonnenkilometer. Auf den Lkw entfällt dabei ein prognostizierter Zuwachs von mehr als 54 Prozent. Der Güterverkehr auf der Schiene wird vermutlich nur um ein Drittel zulegen, kalkuliert das Ministerium, der Transport auf den Wasserstraßen stagniert[1].

*Frederik Zohm ist Vorstand für Forschung & Entwicklung bei der MAN Truck & Bus SE.

Angesichts dieser Ausgangslage ist evident, dass der Transport- und Nutzfahrzeugbranche eine große Verantwortung für den Klimaschutz zukommt. Und wir haben diese Herausforderung auch angenommen. Als einer der großen Nutzfahrzeughersteller in Europa hat MAN sich verpflichtet, einen Wandel hin zu treibhausgasfrei angetriebenen Nutzfahrzeugen sowie eine Dekarbonisierung in der Produktion durch Reduktionsmaßnahmen entlang der gesamten Wertschöpfungskette und des Produktlebensweges durchzuführen. Für eine erfolgreiche Bewältigung dieser Transformationsaufgabe haben wir einen umfassenden und systematischen Change-Management-Prozess angestoßen, der nahezu alle Bereiche unseres Unternehmens betrifft.

Unsere Mission „Die Dekarbonisierung des Straßengüterverkehrs" betrifft den Kern unseres Geschäfts. Denn für eine erfolgreiche Klimawende ist es essenziell, unmittelbar bei den über drei Millionen zugelassenen Lastkraftwagen mit überwiegend Verbrennungsantrieb in Deutschland anzusetzen, die täglich die Industrie, den Handel sowie die gesamte Bevölkerung mit den notwendigen Waren und Rohstoffen versorgen. Ein 40-Tonnen-Lkw im Fernverkehr verbraucht heute im Schnitt circa 20 bis 25 Liter Diesel auf 100 Kilometer. Für die gesamte Anzahl aller schweren Lkw kommt man so auf einen Treibhausgasausstoß von rund 86 Millionen Tonnen CO_2-Äquivalenten pro Jahr (Zahl für 2023). Die Notwendigkeit des Handelns wird anhand dieser Zahlen evident.

Für den CO_2-Fußabdruck von MAN Truck & Bus bedeutet dies, dass mehr als 96 Prozent unserer Treibhausgas-Emissionen je Jahr im Scope 3 und somit in der Nutzungsphase unserer Produkte entstehen. Unser Fokus ist also klar: Wir müssen unseren Kunden so schnell wie möglich CO_2-freie Antriebe für ihre jeweiligen Arbeitsaufgaben anbieten.

[1] Quelle: https://bmdv.bund.de/SharedDocs/DE/Pressemitteilungen/2023/017-wissing-pk-verkehrsentwicklung-deutschland.html

Dafür bedarf es einer Transformation der gesamten Nutzfahrzeug-, aber auch der Transportindustrie. Dieser Prozess ist bei uns bereits in vollem Gange: Das MAN-Werk in Nürnberg, das auf eine 180-jährige Tradition als Fertigungsstandort für Verbrennungsmotoren zurückblickt, wird künftig die Fertigungskapazitäten für über 100.000 Batteriesysteme pro Jahr bereitstellen und so für eine Batterieproduktion Made in Bayern sorgen. Hierfür investieren wir rund 100 Millionen Euro in den Standort Nürnberg und damit auch in die Arbeitsplätze vor Ort.

Zentraler Maßstab für unsere Transformation sind neben dem Ziel der Dekarbonisierung natürlich die Bedürfnisse unserer Kunden. Wir wissen, dass im Transportgewerbe die Gesamtbetriebskosten (Total Cost of Ownership, kurz: TCO) das wichtigste Kriterium für eine Kaufentscheidung bei einem Fernverkehrs-Lkw sind. Schließlich muss der Transport der Güter für den Spediteur wirtschaftlich sein. Der flächendeckende Umstieg auf die CO_2-freie Mobilität im Bereich der Nutzfahrzeuge kann deshalb nur gelingen, wenn der CO_2-freie-Lkw seinem Diesel-Pendant bei den Kriterien Kosten, Praxis- und Anwendungstauglichkeit, aber auch bei der Kombinierbarkeit mit verschiedensten Aufbaulösungen in nichts nachsteht. Der Lkw ist ein Investitionsgut und Transportunternehmen können es sich schlichtweg nicht leisten, finanzielle oder funktionale Einschränkungen beim Umstieg auf alternative Antriebe in Kauf zu nehmen.

Für die Suche nach praxistauglichen Lösungen haben wir in den vergangenen Jahren hohen Forschungs- und Entwicklungsaufwand betrieben, um unser Portfolio auf Zero-Emission-Technologien umzustellen. Wir sind auf diesem Weg schon gut vorangekommen: MAN bietet seit Herbst 2023 schwere Elektro-Lkw mit Tagesreichweiten von bis zu 800 Kilometern an.

Demnächst schon wird die Reichweite auf bis zu 1.000 Kilometer zulegen. Für schnelles Zwischenladen in der 45-minütigen gesetzlichen Lenkzeitpause des Lkw-Fahrers sorgt ein leistungsfähiger Megawatt-Ladestandard.

Auch bei der Anwendungsvielfalt und möglichen Aufbaukonzepten steht der eTruck von MAN dem heutigen Diesel-Lkw in nichts nach: Ob als klassischer Sattelzug im Ferntransport von gekühlten Lebensmitteln, als wendiges Dreiachs-Chassis in der geräuscharmen und abgasfreien Abfallentsorgung in der Stadt oder im vollelektrischen Transport von Materialien zur Baustelle mit Chassis und Anhänger. Durch ein modulares Batteriekonzept mit sechs, fünf, vier oder drei Batteriepaketen kann das Fahrzeuggewicht um bis zu 2,4 Tonnen reduziert werden, was für mehr verfügbare Nutzlast sowie für einen geringeren Energieverbrauch bei Teilladungs- oder Leerfahrtanteilen sorgt.

Zusammen mit niedrigen Betriebskosten, beispielsweise durch den Entfall der Mautkosten und eine Tank-to-Wheel-Energienutzung, die im Vergleich zu heutigen Verbrenner-Lkw rund zweimal so effizient ist, bieten die batterieelektrischen Fahrzeuge schon heute eine geeignete Technologie für CO_2-freie Nutzfahrzeugflotten. Dabei suchen wir selbstverständlich weiter nach zusätzlichen Optimierungsmöglichkeiten. So könnte die Stromerzeugung, etwa durch Fotovoltaik-Anlagen, auf dem Betriebsgelände des Transportunternehmens erfolgen und so eine gewisse Unabhängigkeit und damit auch Kostenvorteile bei der Energienutzung mit sich bringen

Kurzfristig scheint die Elektrifizierung des Straßengüterverkehrs die bevorzugte Option zur Erreichung eines emissionsfreien Verkehrs. Denn die Technologie dafür hat in den vergangenen Jahren enorme Fortschritte erreicht. So fließen bei vollelektrischen Lkw rund 75 Prozent der Antriebsenergie direkt in den batterieelektrischen Antrieb. Bei einem klassischen Verbrennungsmotor sind es lediglich 15 Prozent der Ausgangsenergie. Dazwischen ordnet sich der Wasserstoff-Verbrenner-Lkw ein, bei dem immerhin noch 25 Prozent der Ausgangsenergie in den Wasserstoffantrieb fließen.

Deshalb sind Wasserstoff-Verbrennungsmotoren, neben verschiedenen Spezialanwendungen wie beispielsweise Schiffen, schweren Land- und Baumaschinen, Stromgeneratoren sowie Blockheizkraftwerken, auch bei schweren Transporten auf der Straße durchaus eine sinnvolle Variante. Dabei ist wichtig zu betonen, dass die Wasserstoff-Verbrenner-Technologie nicht als Konkurrenz zu batterieelektrischen Fahrzeugen betrachtet werden kann, sondern vielmehr als eine komplementäre Lösung: Beide Technologien haben ihre spezifischen Vorzüge, und ihre Kombination könnte die Vielfalt nachhaltiger Transportmittel erhöhen. Der Wasserstoff-Verbrenner-Lkw kann deshalb als Alternative zu herkömmlichen Diesel- und ergänzend zu batterieelektrischen Lkw – vor allem bei besonders schweren Einsatzzwecken bzw. für besonders lange Reichweiten – gesehen werden.

Auch wenn auf absehbare Zeit batterieelektrische Lkw deutlich kostengünstiger erscheinen, kann grüner Wasserstoff als Energieträger interessant werden, wenn er preislich attraktiv ist und sich schnell eine entsprechende Infrastruktur entwickelt.

Damit alle möglichen Einsatzszenarien im Transport von alternativen Antrieben bestmöglich abgedeckt und vom Markt angenommen werden, sind allerdings entscheidende Initiativen seitens der Politik erforderlich. So sind Wasserstoff-Verbrenner-Lkw steuerlich aktuell noch nicht Brennstoffzellen-Lkw gleichgestellt. Es wäre deshalb sinnvoll, dass auch Wasserstoff-Verbrenner-Lkw eine befristete Befreiung von der

Energiesteuer erhalten. Diese steuerliche Erleichterung würde nicht nur als Anreiz für Unternehmen dienen, auf diese Technologien umzusteigen, sondern auch dazu beitragen, die aktuell noch hohen Betriebskosten zu verringern und den Einsatz von Wasserstoff-Verbrenner-Lkw auf dem Markt zu beschleunigen.

Die Dekarbonisierung des Straßengüterverkehrs kann freilich nur gelingen, wenn neben dem Produkt, also dem Lkw, auch Rahmenbedingungen für die Nutzung vorhanden sind. Eine geeignete und vor allem flächendeckende Ladeinfrastruktur für Nutzfahrzeuge auch außerhalb des eigenen Betriebshofes ist dabei die entscheidende Stellschraube, um einen erfolgreichen Hochlauf vollelektrischer Lkw und Busse zu garantieren.

Leider wird genau hier die Zukunftsvision schwerer Fahrzeuge mit alternativen Antrieben noch stark getrübt: Es mangelt nicht nur an Strom aus erneuerbaren Quellen und Schnellladesäulen, sondern auch an notwendigen Flächen für den Bau von Ladeparks, vor allem entlang der wichtigen Verkehrsachsen – nicht nur in Deutschland, sondern in allen europäischen Ländern. Der Nachholbedarf ist enorm: Bis zum Jahr 2030 benötigt Deutschland mindestens 10.000 öffentliche Lkw-Ladepunkte, wovon mindestens 4.000 Hochleistungsladepunkte sein sollten. Diese müssen vor allem in ausreichender Anzahl entlang der Autobahnen entstehen, um so die ohnehin gesetzlich vorgegebenen Lenkpausen der Lkw-Fahrer zum Laden der Fahrzeuge bestmöglich nutzen zu können.

Diese Infrastrukturaufgabe kann keine primäre Aufgabe der Nutzfahrzeughersteller oder der Transportunternehmen sein. Hier sind in erster Linie Politik und Energiewirtschaft gefordert. Unsere Branche ist dabei aber durchaus bemüht, zu unterstützen – mit Ideen und Taten. MAN engagiert sich als Teil der TRATON GROUP gemeinsam mit der Volvo

Group und Daimler Truck bereits im Joint Venture Milence, das europaweit mindestens 1.700 Hochleistungs- und Megawatt-Ladepunkte für Nutzfahrzeuge aufbauen soll.

Nachholbedarf gibt es auch bei der Energieerzeugung. Bis zum Jahr 2030 werden europaweit voraussichtlich rund 350.000 Elektro-Lkw auf Europas Straßen rollen. Der zusätzliche Strombedarf hierfür liegt bei rund 37 Terawattstunden pro Jahr. Um diese Menge an grünem Strom zu erzeugen, bedarf es ungefähr 7.000 Windräder.

Deshalb muss beim Ausbau der Stromgewinnung aus Wind Tempo gemacht werden. Nur wenn die vollelektrischen Nutzfahrzeuge mit Strom aus erneuerbaren Energien betrieben werden, können sie einen bestmöglichen Beitrag zur Reduzierung der CO_2-Emissionen leisten. Mit dem bisherigen Strommix in Deutschland dagegen würde bestenfalls die Hälfte der möglichen Einsparung erreicht werden.

Als Bremser einer Dekarbonisierung des Straßengüterverkehrs erweist sich auch die Volatilität – oder besser: die fehlende Nachhaltigkeit – der staatlichen Finanzpolitik. Nach der Entscheidung der Bundesregierung Anfang 2024, das Förderprogramm „Klimaschonende Nutzfahrzeuge und Infrastruktur“ (KsNI) nicht wieder aufzustocken, existiert derzeit keine Planungssicherheit für eine verlässliche und wirksame staatliche Anschaffungsförderung bei der Beschaffung analog zum Hochlauf im Pkw-Bereich.

Dabei muss man wissen, dass Elektro-Lkw rund zweieinhalb Mal so teuer sind wie vergleichbare dieselbetriebene Nutzfahrzeuge. Eine Parität der Einstandskosten zwischen konventionellem Diesel-Antrieb und einem Elektro-Lkw ist schlichtweg nicht darstellbar. Das gilt analog auch für die überwiegend mittelständisch strukturierte Speditions- und Transportbranche. Für diese

Unternehmen, die ohnehin mit gestiegenen Kosten bei Dieselkraftstoff und Maut zu kämpfen haben, sind die nötigen Investitionen in emissionsfreie Fahrzeugalternativen alleine kaum zu stemmen. Ein entsprechendes Förderprogramm ist deshalb unverzichtbar, wenn der Güterverkehr einen erfolgreichen Beitrag im Kampf gegen die Klimakrise leisten soll.

Zumal der Dekarbonisierungs-Effekt von Elektro-Lkw gerade im lokalen und regionalen Verkehr besonders groß ausfällt. Aufgrund seiner überschaubaren Tagesfahrleistungen ist der Nah- und Regionalverkehr, der rund 200 Kilometer Tagesreichweite benötigt, geradezu prädestiniert für den Umstieg auf die Elektromobilität.

Aber auch hier stockt es beim schnellen Antriebswechsel. Durch den schleppenden Ausbau grundlastfähiger Stromnetze zu den Logistikterminals, Verteilzentren und Depots kommen viele Speditionshäuser selbst im Verteilerverkehr über eine Pilotphase mit elektrisch angetriebenen Nutzfahrzeugen oft nicht hinaus.

Gleichzeitig ist es dringend erforderlich, die Planungszeiten für den Aufbau einer öffentlichen Schnelllade-Infrastruktur samt Netzausbau und Stellplatzausbau für Nutzfahrzeuge erheblich zu beschleunigen und zu entbürokratisieren. Leider setzt die Politik hier (bisher) die falschen Rahmenbedingungen zum Gelingen und vor allem Beschleunigen der Antriebswende und gefährdet so das Erreichen der selbstgesteckten Klimaziele.

Die dafür notwendigen Ressourcen ließen sich durchaus mobilisieren. So könnten beträchtliche Anteile aus den hohen Mehreinnahmen durch die Erhöhung der Lkw-Maut für Diesel-Lkw sowie das Brennstoffemissionshandelsgesetz in Höhe von rund 9 Milliarden Euro jährlich reinvestiert werden, um eine schnellere Transformation des Straßengüterverkehrs hin zu emissionsärmeren Antrieben zu ermöglichen. Ausgesprochen hilfreich wäre dabei ein abgestimmtes, praxisorientiertes und durch die Bundesregierung koordiniertes Vorgehen im Dialog mit den unterschiedlichen Nutzergruppen, der Herstellerindustrie sowie der Energiewirtschaft.

Der Weg zu einer Dekarbonisierung des Straßengüterverkehrs mag noch lang und kurvenreich sein, aber er ist allen Beteiligten inzwischen klar. Und er ist gangbar, auch bei weiter zunehmendem Volumen des Warenverkehrs. Wenn wir in Deutschland die ambitionierten Klimaziele erreichen wollen, müssen Politik und Wirtschaft dafür jetzt an einem Strang ziehen, und in dieselbe Richtung.

MAN ist dazu bereit. Wir als Nutzfahrzeughersteller haben unsere Hausaufgaben gemacht und stehen mit einem praxistauglichen Produktportfolio am Start. Jetzt ist es an der Politik, die Weichen für eine erfolgreiche Dekarbonisierung des Straßengüterverkehrs zu stellen: Mit mutigen Investitionen in die Infrastruktur für alternative Antriebsformen und mit mehr Planungssicherheit für die Akteure in der Wirtschaft.

Über die Autoren:

Nikolaus von Bomhard ist Vorsitzender des Aufsichtsrats der Versicherungsgruppe Munich Re und des Logistikkonzerns DHL Group. Von Bomhard studierte Rechtswissenschaften an den Universitäten München und Regensburg. Im Anschluss nahm er 1985 seine Tätigkeit bei der Munich Re auf, damals bekannt unter der Marke Münchener Rück. Zu Beginn des Jahres 2000 wurde von Bomhard in den Vorstand berufen, vier Jahre später stieg er zum Vorstandsvorsitzenden auf. Dieses Amt bekleidete er bis zur Hauptversammlung im Jahr 2017.

Eckhard Cordes ist Vorsitzender des Aufsichtsrats des Industriedienstleisters Bilfinger SE. Zudem ist er Partner bei der schwedischen Investmentgesellschaft Cevian Capital. Cordes hat an der Universität Hamburg Betriebswirtschaftslehre studiert und anschließend promoviert. Seine Karriere startete er 1976 bei Daimler-Benz (heute Daimler), wo er in verschiedenen operativen und strategischen Leitungsfunktionen tätig war. 1996 wurde Cordes in den Daimler-Vorstand berufen. Dort war er unter anderem für Strategie, Beteiligungen und auch für die Mercedes Car Group zuständig. 2006 wurde Cordes Vorstandsvorsitzender des Familienkonzerns Haniel, ein Jahr später übernahm er zusätzlich den Vorstandsvorsitz des Handelskonzerns Metro, dessen Großaktionär Haniel zu dieser Zeit war.

Jochen Eickholt ist seit März 2022 Chief Executive Officer von Siemens Gamesa Renewable Energy, einem der weltweiten größten Hersteller von Windkraft-Anlagen. Eickholt hat Elektrotechnik an der RWTH Aachen und am Imperial College of Science, Technology and Medicine in London studiert. Nach seinem Abschluss als Ingenieur promovierte er am Fraunhofer-Institut für Produktionstechnologie in Aachen.

Seine Karriere startete er 1999 bei Siemens, wo er verschiedene Führungspositionen bekleidete. Von 2012 bis 2017 war er CEO von Siemens Mobility, 2017 übernahm er die Leitung des Projektes zur Integration der Mobility Siemens Alstom für die Siemens AG. Anschließend war er Chairman und Managing Partner der Siemens Portfolio Companies. Im April 2020 wurde er Vorstand bei der Siemens Energy AG, verantwortlich für die Geschäftsfelder Generation und Industrial Applications sowie für Asien-Pazifik und China.

Thomas Enders war viele Jahre in führenden Positionen beim europäischen Luft- und Raumfahrtunternehmen EADS/Airbus tätig, darunter von 2000 bis 2005 als Chief Executive Officer (CEO) der Verteidigungssparte der EADS und von 2005 bis 2007 als Co-CEO der EADS-Gruppe. 2007 übernahm er die Position des CEO der Zivilflugzeugsparte Airbus. Von 2012 bis 2019 war er CEO der Airbus Group (vormals EADS Group). Enders hat Volkswirtschaft, Politik und Geschichte in Bonn und Los Angeles studiert. Außen- und Sicherheitspolitik der SPD war das Thema seiner Doktorarbeit. Von 1982 bis 1985 war er Assistent im Deutschen Bundestag. Zwischen 1985 und 1989 arbeitete er in außen- und sicherheitspolitischen Think-Tanks, bevor er 1989 Mitglied des Planungsstabs im Bundesministerium der Verteidigung wurde. Von dort wechselte er 1991 zu MBB/DASA. Dort war er bis 1999 unter anderem als Strategiechef und Leiter der Verteidigungssparte tätig. Nach seinem Ausscheiden bei Airbus wurde Enders Mitglied des Aufsichtsrats bei der Deutschen Lufthansa, Mitglied im Board of Directors der Linde plc, bei General Electric, Helsing NV und Chairman von Lilium. Darüber hinaus bekleidet er seit 2019 das Amt des Präsidenten der Deutschen Gesellschaft für Auswärtige Politik in Berlin.

Joachim Faber kann auf eine jahrzehntelange Karriere in der internationalen Hochfinanz blicken. 1984 startete der Jurist und promovierte Verwaltungswissenschaftler seine berufliche Laufbahn bei der amerikanischen Großbank Citicorp in der deutschen Niederlassung in Frankfurt/Main. Zehn Jahre später stieg er zum Leiter des Kapitalmarktgeschäfts des Geldhauses in Europa, Nordamerika und Japan auf. 1997 wechselte Faber zum deutschen Assekuranzkonzern Allianz, zunächst als Finanzvorstand der Allianz Versicherungs-AG. Drei Jahre später wurde er zum Vorstandsvorsitzenden der Allianz Asset Management AG und gleichzeitig zum Konzernvorstand der Allianz SE befördert. Ende 2011 verließ Faber die Allianz und wurde Multi-Aufsichtsrat. So gehörte er elf Jahre dem Aufsichtsrat der Deutschen Börse an, davon acht Jahre als dessen Vorsitzender. Heute ist Faber Board Member bei der Investcorp Holding und Aufsichtsratsvorsitzender der Harald Quandt Holding. Darüber hinaus hat er mehrere Ehrenämter inne, beispielsweise als Vorsitzender des Stiftungsrats der Deutschen Krebshilfe.

Leonhard Fischer ist ein international ausgewiesener Kapitalmarktkenner und kreativer Vordenker im internationalen Finanzwesen. Nach dem Wirtschaftsstudium in Deutschland und den USA startete er seine Karriere im Investmentbanking der amerikanischen Großbank JP Morgan. Mit 36 Jahren wurde Fischer Vorstand bei der Dresdner Bank, wenig später zusätzlich bei der Allianz. 2002 wechselte Fischer als CEO zum Schweizer Versicherer Winterthur und in den Vorstand der Credit Suisse. Anschließend leitete er bis 2016 die Beteiligungsgesellschaft BHF Kleinwort Benson und war bis 2021 Mitglied des Verwaltungsrats des internationalen Rohstoffkonzerns Glencore. Heute ist Fischer als Verwaltungsrat und Leiter des Anlageausschusses des Zukunftsfonds tätig, eines breit investierenden Mischfonds.

Stefan Grosch ist seit April 2023 Arbeitsdirektor und Mitglied der Geschäftsführung bei der Robert Bosch GmbH, dem Leitungsgremium des Technologiekonzerns Bosch. Er verantwortet die Ressorts Personal- und Sozialwesen, dazu die Bereiche Arbeitssicherheit, Umweltschutz und Nachhaltigkeit, Recht, Compliance Management und Steuern sowie das Bosch-Geschäft in Indien und der Region Südostasien. Der gebürtige Rheinländer hat nach dem Studium der Betriebswirtschaftslehre an der Universität Köln und der ESADE in Barcelona seine Karriere bei Bosch im Controlling gestartet. Es folgten Führungsaufgaben unter anderem in den Regionen Spanien und Brasilien, im Konzerncontrolling, in der Unternehmensrevision und im Geschäftsbereich Automotive Steering.

Melanie Kreis ist seit 2014 Mitglied des Vorstands des weltweit operierenden Logistikkonzerns DHL Group und verantwortlich für das Finanzressort. Kreis hat Physik studiert – mit einem Master-Degree der State University of New York at Stony Brook, USA, und einem Abschluss als Diplom-Physikerin der Universität Bonn. Später absolvierte sie noch ein MBA-Programm an der Insead Business School in Fontainebleau. Kreis startete ihre berufliche Karriere im Jahr 1997 als Unternehmensberaterin bei McKinsey & Company, bevor sie im Jahr 2000 zur Private-Equity-Firma Apax Partners wechselte. Seit 2004 arbeitet sie für die DHL Group.

Hubert Lienhard war bis 2018 zehn Jahre lang Vorsitzender der Konzerngeschäftsführung der Voith GmbH & Co. KGaA und bis 2022 Mitglied des Aufsichtsrats und des Gesellschafterausschusses. Derzeit ist er im Aufsichtsrat von EnBW, Heraeus Holding, SMS Holding und Siemens Energy tätig. Er war von 2015 bis 2020 Vorsitzender des Asien-Pazifik-Ausschusses der Deutschen Wirtschaft. Lienhard gehörte viele Jahre dem Vorstand des Ostasiatischen Vereins sowie dem Engeren Vorstand im Verband Deutscher Maschinen- und Anlagenbau (VDMA) an. Lienhard hat Chemie an der Universität Karlsruhe studiert und anschließend in Ingenieurwesen promoviert. Seine Karriere startete der gebürtige Triberger 1981 beim Anlagenbauer Lurgi. 1989 wechselte er zu ABB, wo er 1994 in den Vorstand der ABB AG Deutschland und zwei Jahre später zum Mitglied des Board of Management der Kraftwerksparte der ABB Ltd. Zürich berufen wurde. 2001 wechselte Lienhard in den Vorstand von Voith.

Siegfried Russwurm wurde im Juni 1963 in Marktgraitz geboren. Im Jahr 1988 schloss er sein Studium der Fertigungstechnik an der Universität Erlangen-Nürnberg als Diplom-Ingenieur ab. Dort promovierte er am Lehrstuhl für Technische Mechanik. 1992 trat er in die Siemens AG ein, wo er diverse Führungsfunktionen im Medizin- und Industriegeschäft in Deutschland und in Schweden übernahm. 2008 wurde er Mitglied des Vorstands der Siemens AG, in dem er bis März 2017 tätig war. In dieser Zeit war er verantwortlich für alle Industriethemen, als Chief Technology Officer für Technik, für Healthcare und für Personal. Russwurm ist in verschiedenen Aufsichtsräten aktiv. Unter anderem ist er seit März 2019 Vorsitzender des Gesellschafterausschusses und des Aufsichtsrats der Voith GmbH & Co. KGaA und wurde im Oktober 2019 zum Vorsitzenden des Aufsichtsrats der Thyssenkrupp AG gewählt. Seit 2021 ist er Präsident des Bundesverbands der Deutschen Industrie e.V. (BDI).

Daniel Wiegand (Jg. 1985) ist Chief Engineer Innovation and Future Programmes des Luftfahrtunternehmens Lilium. Wiegand hat Lilium zusammen mit drei anderen Ingenieuren und Doktoranden der Technischen Universität München 2015 gegründet. Bis Oktober 2022 war er der erste CEO von Lilium. Das Münchner Unternehmen gehört inzwischen zu den internationalen Pionieren des elektrischen Fliegens. MIT Technology Review hat Wiegand 2017 mit der Auszeichnung „Under 35 Innovator of the Year" geehrt. Das Fliegen hat Wiegand bereits als Schüler fasziniert, deshalb hat er bereits mit 14 den Segelflugschein erworben. Beim Wettbewerb „Jugend forscht" gewann er einen Preis für die Konstruktion eines besonders aerodynamischen Flügels.

Frederik Zohm ist Vorstand für Forschung und Entwicklung bei der MAN Truck & Bus SE in München. Zohm schloss seine Promotion an der Technischen Hochschule Aachen ab, wo er zuvor Fertigungstechnik und Wirtschaftsingenieurwesen studiert hatte. An der Universität St. Gallen erwarb er zudem den MBA. Seine Karriere startete Zohm bei einer universitätsnahen Beratung in Aachen. 2005 ging er zu Daimler, wo er verschiedene Stationen im Truck-Bereich innehatte, so bei EvoBus, Mitsubishi Fuso und Rolls Royce Power Systems, an der Daimler zu dieser Zeit beteiligt war. 2017 wechselte er zur Volkswagen Truck & Bus AG, wo er das Alliance-Management der strategischen Partnerschaft mit dem US-amerikanischen Truck-Hersteller Navistar leitete. Noch im selben Jahr wurde er in den Vorstand der MAN Truck & Bus SE berufen.

Über die Herausgeber:

Stefan Bornheim hat International Management, Finance and Economics an Universitäten in den USA, Spanien und der Schweiz studiert und in St. Gallen promoviert; gefördert unter anderem als Stipendiat des Schweizerischen Nationalfonds (SNF). Danach lehrte und forschte er mehrere Jahre an der Forschungsstelle für Internationales Management der Universität St. Gallen (HSG). Zudem war er bei der Mitchell Madison Group als Berater und Engagement Manager tätig, bevor er die E-Commerce Firma 4Cast AG gründete und später erfolgreich veräußerte. Er ist darüber hinaus Gründer und Managing Partner der Unternehmensberatung TSBC GmbH und blickt auf fast 25 Jahre internationale Vorstands- und Aufsichtsrats-Beratungserfahrung zurück. Mit der TSBC initiierte er das Format des CEO- und Vorstands-Roundtable sowie den Faktenbasierten Zukunftsdialog.

Frederik Sonner hat Philosophie und Volkswirtschaftslehre in München und New York studiert. Anschließend begann er seine Karriere am Institut für Philosophie & Leadership der Jesuiten in München. Nach mehr als zehn Jahren Tätigkeit als Consultant und Principal ist er seit Januar 2024 Partner und Geschäftsführer der Unternehmensberatung TSBC GmbH.

Achieving competitiveness through sustainability: We need progress, not sacrifice!

Reflections on a humane, technology-open and optimistic debate about the future

Published by
Stefan Bornheim and Frederik Sonner

Investors Publishing, Buchverlag Frankfurt/Main

1st edition

business book publisher of Investors Voice Media AG,
Kennedyallee 47, 60596 Frankfurt/Main, Germany.
Self-published and distributed by INSCRIPT GmbH,
Kohlmarkt 8–10, 1010 Vienna, Austria, info@inscript.at,
www.inscript.team, 0800 400 30 77
ISBN 978-3-200-09845-9

Table of contents

Prologue:

Why sustainability? A plea for competitiveness and prosperity

by Stefan Bornheim and Frederik Sonner

"A reliable means of making people believe untruths is frequent repetition, because familiarity is not easy to distinguish from truth."

(Daniel Kahneman)

Perhaps the greatest challenge in dealing with change in general and climate change in particular lies in the fact that cause-and-effect relationships are often not as linear or mono-causal as they might appear or as we might wish. It is therefore all the more important that our collective "sensemaking" (in Karl Weick's sense) about these phenomena takes place in comprehensible ways and that the insights gained are shared. In this sense, this anthology is not intended to present a complete economic canon on sustainability, nor even to be "loud" or "repetitive" in the Kahnemanian sense, but rather to facilitate communication and discourse in line with Niklas Luhmann.

Over the past ten years, the term "sustainability" has dominated political, economic and social debates, particularly in Germany and Europe, alongside terms such as "digitalization" and "artificial intelligence".

*Stefan Bornheim and Frederik Sonner are partners at the management consultancy TSBC GmbH in Munich.

In contrast to other macro trends, which are presented in a descriptive manner and on which one can take a position in different ways, the public discourse on sustainability insinuates that there is no moral alternative to striving for it or that one's actions as a citizen and company should primarily be geared towards sustainability. Due to the great importance of the concept of sustainability for the practical organization of our lives, it is worth reflecting on where the term comes from and what we understand by it today: The concept of sustainability originally comes from forestry, was first used in the 18th century and refers to the "sustainable use of forests", or more precisely the fact that only enough wood should be removed from a forest to allow it to regenerate.

Today, the label "sustainable" is used in an inflationary and often abusive way, similar to "organic", but in the economic discussion, in line with the forestry origins of the concept, the "conversion to a sustainable economy" is also about trying to use resources in such a way that a loss of prosperity and quality of life can be prevented and our environment does not suffer irreparable damage. However, sustainable action in this sense only becomes a moral imperative when it is linked to human well-being: We should only strive for the forest to regenerate so that it can be used in the long term and for generations to come so that our own livelihood and that of future generations is secured. The aspect that sustainability is not a value in itself, but merely a means to an end in order to secure prosperity, is often ignored in today's debate, particularly in German-speaking countries. As human beings, we want our livelihoods to be secure and we want to be able to strive for self-realization and, of course, we want our children to be at least as well off as we are, but ideally even better. The goal of sustainability only makes ethical sense in this context.

"Fish may die or people may die, swimming in lakes or rivers may cause illness, oil may no longer come out of the pumps and average temperatures may fall or rise: As long as there is no communication about this, it has no social impact."

(Niklas Luhmann)

Climate protection is one of the 17 sustainability goals of the United Nations (UN), but almost exclusively dominates the sustainability debate in Germany. The focus on climate change is often linked to the demand for sacrifice as the most effective means of ensuring the sustainable use of resources. We find this form of debate not only disconcertingly narrow but also not very effective in terms of the actual meaning and objective of sustainability.

Doing without initially leads to a reduction in individual quality of life and personal prosperity and, in the economic derivation in a "de-growth" scenario that is also increasingly being introduced as a valid option for environmental protection, also to a significant loss of prosperity for society. This proposal becomes completely absurd in the context of a globalized world economy, in which the majority of all countries and people are primarily striving to increase prosperity and, in many cases, to reduce poverty. In this logic, renunciation would virtually prevent sustainability and the consequential costs would be distributed unfairly.

The anthology presented here therefore argues for "competitive sustainability" from a wide variety of perspectives. The so-called "green transition" of our economic landscape can and should primarily be seen as an opportunity for economic growth and increased prosperity, indeed as a concrete opportunity for German and European industries to gain a new competitive advantage.

As an alternative to short-sighted renunciation, resource scarcity in this sense can be countered with technological progress and the development of alternatives. Shortages and scarcity combined with the desire to maximize the quality of life for ourselves and our neighbors have always been the trigger and driver for technological and social progress.

It is our firm conviction that mankind must rise to the challenge of resource scarcity and the preservation of an environment worth living in. The best way for our society to meet this challenge is to focus uncompromisingly on technology and progress now, so that poverty in the world can be reduced and our future prosperity and that of future generations is greater than ours is today. As a globally active company, we see and experience that growth in America and Asia today is often driven by precisely this idea and this hope, while in Germany, debates about doing without and bans tend to paralyze rather than inspire the transition to a more sustainable way of life.

Many traditions and athletes are familiar with the concept of renunciation in the context of self-improvement. But as the Jesuit Anthony de Mello put it: "Whenever you renounce something, you are bound to what you renounce." Rather, he recommends changing basic behavior, as this is the only way to understand true value: By understanding you need not renounce, but it will pass away. Some will see this recommendation for dealing with renunciation as too simple a derivation of renunciation as impulsive behavior, but doesn't this unmask precisely the initial demand for renunciation? In other words, we are trying to prescribe our own obsession to others – which is why we would like to appeal to Kant in the Luhmannian sense: Let us educate (and communicate) to liberate ourselves from immaturity about the misalignment of progress and prosperity, and sustainability and renunciation.

We would like to take this opportunity to thank all the authors - all exceptional personalities in the German economy - who, from their own perspectives and experience, show in this anthology what the path to competitive sustainability can look like through progress instead of renunciation and hope that this anthology can be an impetus for constructive and future-oriented discussions in the economy and society.

Acknowledgments

We would like to take this opportunity to thank all contributors who, despite their hectic everyday lives and the great responsibility they often have to bear in their respective companies, have taken the time for serious reflection in order to make a well-founded contribution to the reflection on the possibility of competitive sustainability.

Our special thanks go to Tom Enders and Siegfried Russwurm: Without the intensive discussions with these two leading figures on the subject of sustainability and the competitiveness of the German and European economies, the idea for this initiative and this anthology would never have come about.

We would also like to thank Arno Balzer, who has supported us and the contributors with his wealth of experience and linguistic skills in the creation of this volume.

Foreword

Navigating Sustainability: An Imperative for Competitiveness?

by Nikolaus von Bomhard*

When assessing sustainability issues, the same principles apply as for any other opportunity or risk in society and in companies – and, of course, for every individual. They need to be assessed on the basis of the broadest possible understanding of all relevant aspects, across departmental boundaries to ensure a holistic perspective. All too often, the assessment of these multiple "risks" – a term that should always include their flip side, the opportunities – is not brought together by an independent body. Moreover, the focus is often on a qualitative description of the risks rather than their quantitative assessment. Only when quantification is possible, can at least an approximate assessment of offsetting risks or the existence of so-called hedging effects be made.

When it comes to sustainability, the risks for companies can range from threats to entire business models, such as those posed by climate change, to specific, individual losses, such as business interruptions caused by natural disasters. In other words, the spectrum of these risks ranges from profound strategic issues to very immediate negative impacts. And, to be clear, many of the risks considered here are far from "new".

* Nikolaus von Bomhard is Chairman of the Supervisory Board of Munich Re and of the DHL Group.

To take climate change as an example, there is undoubtedly a tension between short-term and long-term action in dealing with risk. If the available resources are focused on controlling short-term risks, which is initially much easier to explain to those affected, this naturally comes at the expense of addressing long-term risks – because resources are limited. The question of how much one is willing to give up today in order to successfully protect oneself against highly effective future risks will continue to be left to social and political discourse.

The same is true for companies, which have to strike the right balance between the interests of society, which makes it possible for companies to operate at all and emphasizes the long-term view, and their shareholders, customers, and employees, who are often seen as having a short-term view. As the challenges of climate change have gained much more public attention, the management of these long-term risks has taken on a whole new importance, which is to be welcomed. For many other risks, there is often no such clear societal positioning, either because the risks are not yet consciously perceived or simply because they are considered less relevant.

From a broader perspective, the management of many risks can also be directly linked to a company's reputation, an issue that does not carry such immediate weight for entire societies, at least not yet. However, when it comes to reputational risks for a company, it becomes immediately clear that investments in preventing or at least mitigating risks are always investments with the prospect of a "reputational return". The often rather bluntly formulated contrast between "more profit or higher costs to control risks" has lost its inevitability.

While the question of whether highly unlikely risks should be mitigated at great cost may be a matter of individual risk aversion or preference, as noted above, it is undeniable that we now expect conscious, professional risk management at a cost.

The quality of this risk management has a significant impact on a company's reputation, especially when risks materialize that could have been identified and prevented with proper management – and effort. The banking crisis of 2007 and beyond is a recent example. This also makes managing all sustainability issues a very direct component of a company's ability to compete. It is not without reason that responsibility for sustainability is often shared by the strategy department, which in turn usually reports to the CEO.

Today, sustainability is an undisputed and very important aspect of corporate governance. This requires an appropriate, fundamental value framework in companies, which leads to a clear stance on sustainability issues and also has an impact on the design of bonuses. Good governance and a responsible corporate culture build public trust and ultimately provide companies with the basis for long-term economic success – a "social license to operate".

Companies, and even entire industries, also have the opportunity to create or enhance social acceptance for necessary changes wherever they are needed. This is especially true for companies that operate internationally or even globally and are therefore confronted with very different attitudes to sustainability in different regions of the world. Companies that do not give sustainability risks the importance they deserve will find it difficult to remain competitive in the long term, even internationally.

Good governance and a strong culture of sustainability are not just about communicating these values, they are about living them. This commitment fosters a deep sense of identity within a company. Any initiative that reinforces this pride in the organization enhances its overall value proposition. In this way, a focus on sustainability strengthens a company's competitive advantage in attracting and retaining talent, ultimately securing its future.

Germany's Mobility Policy: Is the Transition to More Sustainable Mobility Leading Us Into a Dead End?

by Eckhard Cordes*

Historical turning point, energy transition, mobility transition – we seem to be living in times of myriad turning points. Needless to say, mobility has long since been caught up in the maelstrom of transition. For most people in Germany, mobility can mean the freedom to move around the country and the world as they please, to travel when and where they want, whether for business or pleasure.

For many protagonists of the mobility transition and political influencers, however, this basic need seems to have shrunk to a residual quantity whose use should be guided by a higher calling: fighting climate change. After all, mobility requires energy. Traveling by car, train or plane requires electricity or fossil fuels such as oil or gas. And because carbon dioxide (CO_2) is the main cause of climate change, the argument goes, transportation – and with it mobility – must also be decarbonized.

The new mantra states that mobility must be subordinated to the fight against climate change. The German government has been quick to adopt this philosophy and has set itself ambitious goals for the transition of mobility.

1. In the coming decades, private transportation, i.e. mobility by car, is to be reduced. To compensate for this, the number of passengers using public transport should double by 2030.

*Eckhard Cordes is Chairman of the Supervisory Board of industrial service provider Bilfinger and a partner at the investment company Cevian Capital.

2. And where driving is unavoidable, people will switch to battery-electric vehicles. The goal is to have 15 million electric cars on Germany's roads by 2030. By comparison, according to the German Federal Motor Transport Authority (KBA), there will be around 1.4 million by the beginning of 2024.

The German government's mobility transition program aims to create emission-free mobility in Germany. But are the many measures being put in place to achieve this goal – from the energy transition to the Europe-wide decision to allow only battery-electric vehicles and to ban internal combustion engines by 2035 – really appropriate?

Reducing the use of fossil fuels is certainly a noble endeavor. After all, oil and gas reserves are finite and far too valuable to burn. It remains to be seen, however, whether the chosen path is sensible and effective enough to make more than a homeopathic contribution. This is not only due to the fact that Germany's share of global carbon emissions is very modest. Germany accounts for 2% of 0.002% of man-made carbon emissions, which is 0.00004% of the molecules in the Earth's atmosphere. As long as the main culprits – China, India, the US, and Russia – continue to increase their greenhouse gas emissions, further reductions make little sense.

However, it is mainly for home-grown reasons that the mobility transition in Germany is threatening to fail. A comprehensive and objective examination and evaluation of the individual modes of transport has not taken place, but is required. Moreover, the politicians of the ruling parties are averse to such discussions. This means that German and European emissions regulations are simply wrong and flawed; their environmental and economic effects at best counterproductive and at worst fatal.
A cardinal error in the mobility transition was the decision by legislators

in Brussels and Berlin to declare electric vehicles as absolutely clean, with zero carbon dioxide emissions. This decision has even less to do with the facts and seems to be based on wishful political thinking and selective perception. An analysis from within the automotive industry, however, paints a very different picture: "Built to wheel", that is, including the production of the vehicle, the battery and fueling with electricity, gasoline, or diesel in Germany, the carbon footprint of electric cars is worse than that of modern diesel or gasoline cars, for example.

Two factors in particular, often ignored in the German political debate, lead to this result. Firstly, a battery typically manufactured in China would need to be driven approximately 124,000 miles to offset the carbon produced to manufacture it. Secondly, the electricity mix used to charge car batteries has a huge impact on the environmental footprint. In France, with its high proportion of nuclear power, and even more so in Norway, where almost all electricity is generated by hydro and nuclear power, electric vehicles can produce little or no emissions while in use. However, in the German energy mix, with its high proportion of coal-fired electricity, electric vehicles are a significant source of emissions.

In a 2023 independent study, the renowned Association of German Engineers (VDI) concluded that electric compact cars would have to drive at least 56,000 miles on Germany's electricity mix before they would emit less carbon than vehicles with modern diesel technology. If only green electricity were used, the threshold would drop to about 40,000 miles. Of course, with the phase-out of nuclear power in Germany, we are still a long way from that.

In an earlier study from 2019, economists Hans-Werner Sinn, Christoph Buchal, and Hans-Dieter Karl came to even less favorable conclusions for electric vehicles. The experts analyzed official data on diesel and electricity consumed by a Tesla Model 3 and a Mercedes C 220d. For the Tesla, they took into account the actual average German electricity mix for 2018 and a meta-study on the carbon footprint of battery production. The main and very sobering finding: Given the energy mix at the time – which emits only slightly less carbon dioxide today – and the state of battery technology (which has improved only slightly since then), the electric Tesla's carbon footprint is worse than that of the diesel Mercedes. This result holds even at 93,000 miles.

Volkswagen came to a similar conclusion a short time later in a comparison between an E-Golf and a Golf TDI. At 124,274 miles, the electric car emitted 8.05 ounces of carbon per mile, 1.41% more than the turbo diesel. A study by the respected Austrian research company Joanneum Research from September 2019 supports this result: Here, the electric car emitted more carbon than the diesel up to a mileage of 136,000 miles.

For the proponents of e-mobility, these test results are a fiasco. You could almost call it a second emissions scandal, this time caused by politics and its emissions regulations. We have maneuvered ourselves into an almost absurd situation in which politicians want to abolish the internal combustion engine in favor of battery electric mobility and thus pollute the environment even more, at least for the foreseeable future. Or as economist Hans-Werner Sinn once put it, "With electric vehicles, the exhaust is no longer on the car, but in the coal-fired power plant".

To find out why the decision-makers in Brussels and Berlin have taken such a narrow, even grossly flawed approach, especially when it comes to helping the environment, i.e. reducing emissions, will probably require a major social-psychological research project. The fact that there seems to be some rethinking going on in the EU institutions is therefore all the more gratifying. For example, the European Commission has proposed to take the carbon content of the electricity used to charge electric car batteries into account from now on. This means that greenhouse gas emissions from battery-electric vehicles would depend on the electricity mix used.

It remains to be seen whether this really represents a change in thinking in Brussels. And whether, as some already believe, the EU will soon repeal the ban on combustion engines that was adopted at the beginning of 2023, especially since it is not yet clear what the official calculation methods for measuring emissions from electric vehicles will be. So it will be some time before consumers and car manufacturers have a reliable framework in place.

Time we don't really have, because the first collateral damage from the mobility transition has already occurred. Several automotive suppliers have announced significant job cuts. And this is probably just the beginning. Even more serious, in my opinion, is the strategic trap that the German automotive industry has fallen into as a result of politically mandated emissions regulations. These regulations penalize the internal combustion engine in favor of the battery-electric power train.

With 130 years of development expertise in the internal combustion engine, German car manufacturers had achieved an outstanding market and competitive position on the world market, a know-how that was the envy of the rest of the world.

Under normal circumstances, there would have been no chance for the new suppliers from China to catch up. Of course, companies must constantly defend their leadership positions through innovation and productivity gains, even in supposedly mature industries such as automotive. But with the equally false and nonsensical emissions standards from Brussels and Berlin, the competitive advantage of German manufacturers has been massively devalued in one fell swoop.

The impact of the EU's emissions legislation could have a drastic effect on the economy. After all, no other industry comes close to being as important to people's prosperity (and the government's tax revenues!) as the automotive industry. According to a survey by the Allensbach Institute, the industry directly and indirectly supports approximately 2.8 million jobs, most of which are high value-added, high-paying industrial jobs. Including families, about 10 million people live off the car.

In such a situation, anyone who, in a perhaps well-intentioned attempt to combat climate change, imposes a factually incorrect and nonsensical emissions regime, is also completely redefining the rules of the game for the automotive industry to the detriment of Volkswagen, Mercedes, and BMW, etc. – without doing anything to improve the climate. It also rolls out the red carpet for Chinese manufacturers in Europe by officially declaring cutting-edge power train technology obsolete. After all, regardless of the Supply Chain Act (LkSG) or similar, they can export their vehicles to Europe in the new, technologically not very innovative electric environment with the support of their state.

It remains to be hoped that the EU's change of heart will lead to a reversal in transport policy and the demise of the internal combustion engine. The automotive industry is already in the process of moving away from an all-electric strategy. Following BMW's lead, Mercedes is also sticking with the internal combustion engine for both economic and environmental reasons. The fact that this is the right thing to do should be clear by now, even to people outside the automotive industry. Only this time, it should not take so long for the politicians to learn their lesson. The current course is extremely costly in both environmental and economic terms.

What is needed is a real fresh start – in the environmental assessment of all propulsion systems, but also in mobility policy overall. If policymakers focused on their public responsibilities, mobility could work much more smoothly. This includes major investments in transportation infrastructure, which has been criminally neglected for many years. It also includes a major upgrade of the rail network to provide a reliable alternative to cars and planes. And, last but not least, it includes the continued expansion of public transportation, especially in urban areas. This is where they can have the greatest impact, both environmentally and economically.

And, of course, it includes objective and targeted regulations and emission standards for individual mobility by car. However, unlike in the past, these must also cover the entire emissions balance for all power train types, from manufacturing the vehicles (including the battery), to operating and refueling with gasoline, diesel, gas, or electricity (including the actual mix in electricity generation), to recycling.

However, the steering effect of these regulations is better left to the market. As economic history has amply demonstrated, competition among manufacturers produces far more innovative and effective solutions to environmental problems than government agencies. By now, even market skeptics in the political arena should be aware of this.

European Energy Policy at a Turning Point: A Master Plan for a Sustainable, Independent and Affordable Energy Supply

by Jochen Eickholt*

No other sector of the economy is currently undergoing such profound change as the energy sector. The main driver is climate change, which is forcing us to phase out the generation of electricity from fossil fuels and to move to zero-carbon or low-carbon generation. The second driver has been Russia's attack on Ukraine, which triggered what German Chancellor Olaf Scholz called a "turning point" in Western foreign and security policy in the spring of 2022. The immediate consequence was the decision to supply Ukraine with weapons and to invest heavily in the German armed forces. But the war has also made shockingly clear how important a reliable, largely autonomous, and, to put it bluntly, independent energy supply from Russia (and other critical regimes) is for Germany and the German economy.

The phrase "turning point" is therefore an apt description of the energy situation in Germany. Unlike just a few years ago, energy sovereignty and climate protection are now at the top of the political agenda, with demands for clean electricity and reliable supplies. And, of course, energy must remain affordable for businesses and households alike.

This ambitious project hits an economy that has had to, and still needs to, reorganize itself following the COVID-19 pandemic. Supply chains that once functioned smoothly have been disrupted, and some have even broken down.

*Jochen Eickholt is Chief Executive Officer of wind turbine manufacturer Siemens Gamesa.

A thriving global division of labor with just-in-time delivery, which was almost standard in the years before the pandemic, is now the exception rather than the rule. This effect is exacerbated by increased ESG requirements. As a result, companies are having to forge new supplier relationships, rebalance make-or-buy decisions, or relocate production to "safe" regions.

In this complex situation, the reorientation of our energy supply requires a major effort on the part of business, politics, and society as a whole. To make this mission a success, the actors involved must create the regulatory, technical, and economic conditions, and do so under great time pressure. For example, generating clean energy, primarily from wind and solar power, requires special technological expertise, manufacturing capacity, and a skilled workforce. A stable and reliable supply chain is equally important, not only for finished turbines, but also for engines and components, down to rare earths and metals, which are often sourced from politically unstable regions.

So, how are we going to succeed in building such a promising, innovative, and fundamentally important energy supply for the entire economy in Germany? What are the key factors of success? And what are climate protection and energy independence worth to us?

Well, one thing is certain: The targets Germany has set itself are extremely ambitious. Germany plans to more than double its wind power capacity from 66 gigawatts today to 145 gigawatts by 2030. The 27 countries in the European Union (EU) also plan to install about 440 gigawatts by 2030, up from 204 gigawatts today. The United States has also set itself the goal of doubling its onshore wind capacity from 140 gigawatts to 280 gigawatts. And offshore capacity there is expected to grow from almost zero to 30 gigawatts.

There is no doubt that wind power is going to play a particularly important role in the new world of energy, not least because of the technological developments of the last few decades. Since the first "Growian" large wind turbine was commissioned in Marne/Schleswig-Holstein in 1983, the performance and reliability of these turbines has increased enormously. With a hub height of one hundred meters and a rotor diameter of one hundred meters, the "Growian" was the most powerful wind turbine in the world at the time, with an output of three megawatts. Today's turbines deliver nearly three times that much energy.

And the trend is on the up. The latest generation can deliver 14 megawatts. These wind turbines are highly engineered, complex and sophisticated large-scale systems consisting of approximately 6,000 individual parts. The nacelle, which houses the gearbox and generator, is the size of a three-story house and weighs about 550 metric tons. Helicopters can land on the platforms of such turbines at a height of 558 feet. The rotor blades of these wind turbines are up to 377 feet long – more than a soccer field – and weigh up to 60 metric tons. They rotate at seven to eight revolutions per minute. The speed at the tips of the blades is more than 199 mph – faster than the average speed of a Formula 1 racing car.

Our company, Siemens Gamesa, is predestined to play a leading role in this future energy world. We have the know-how, the cutting-edge technology, and the mindset to build such a new and global business. With an installed capacity of more than 130 gigawatts, Siemens Gamesa wind turbines are already generating enough clean energy to meet the needs of nearly 120 million households. We are the world leader in offshore wind turbines.

We are also a top player in onshore wind turbines, with leading positions in key markets. And we are the world leader in a discipline that is particularly important to our customers: availability, i.e. the sustainability of the plant itself.

Siemens Gamesa is a leader in innovation, technology, and sustainability. We were the first wind turbine manufacturer to develop and install fully recyclable rotor blades. In the past, rotor blades had to be disposed of as a waste product. In contrast, our blades, made primarily of epoxy resin, glass and carbon fiber, and balsa wood, can be completely disassembled at the end of their 20-year service life. This is made possible by a special low-energy acid bath. This brings us a big step closer to our goal of introducing fully recyclable turbines to market and establishing a circular economy in the wind industry. And this is just one example of the innovative power of Siemens Gamesa and the European wind industry as a whole.

The fact that Siemens Gamesa is predestined to play a leading role in the new energy world may also be due to the fact that we have climbed and are still climbing the learning curves that are probably inevitable when a completely new market is created. We have had to learn that the world of energy in which we are operating today is fundamentally different from the one in the years leading up to 2022. In addition, the macroeconomic environment has been challenging and volatile, ranging from negative interest rates and price stability to inflation and restrictive monetary policy. Part of the learning curve for a relatively young industry is the need to improve quality issues at two of our onshore platforms. Such assets have been in operation for more than 25 years, and as a result, many contracts with onshore and offshore customers need to be adapted to the new macroeconomic environment.

Of course, these lessons do not change the fact that the potential for our business is extremely positive. But they have prompted us to adjust our internal processes to make the company more resilient, i.e. to reduce ongoing business risks as much as possible. We call this de-risking the business. At the same time, we're focused on optimizing and developing our products. We want to achieve the best possible quality and performance. Specifically, this means that where our products have had problems in the past, we are now maximizing reliability with a sharpened focus on quality.

We have also made changes to our project management. Here we focus on minimizing the cost of errors in project execution and on transferring best practices to the organization; in other words, we are consistently working on our operational excellence.

De-risking also includes leveraging our experience and learning to increase cost certainty across our product lines and value chains. Finally, we have learned the hard way that too much time still passes between contract signing and project completion, during which time important exogenous parameters can change. The need for such measures has been highlighted by pandemic-related supply chain issues and Russia's war of aggression against Ukraine. These two factors have led to an average 30 to 40 percent increase in wind turbine prices over the past two years.

As a result, it is all the more gratifying to see that our efforts are already having an impact: The quality of our products, especially our onshore products, continues to improve. At the same time, we have optimized the performance of our turbines by standardizing portfolios and interfaces in the value chain, for example for rotor blades. We have also improved cost certainty by adapting customer and supplier contracts to the new circumstances.

But no matter how resilient companies may be, achieving the ambitious expansion targets is not solely in the hands of the wind industry. The main barriers are economic and regulatory. The approval process, for example, is still a time-consuming and resource-intensive obstacle course. In Germany, it takes about seven years from the planning stage to the commissioning of an offshore wind turbine, and up to five years for one onshore. For turbine manufacturers, this means uncertainty in planning and economic risk.

Across Europe, 80 gigawatts of wind energy projects are currently stuck in the approval process – a huge amount, given that only 204 gigawatts have been installed in Europe to date.

The fact that we have no level playing field, i.e. fair competition, internationally is even more serious. This is especially important because the wind energy market is still in its infancy and the many of its start-ups are still vulnerable. Unlike the European Union, where developing and protecting domestic industry is not a high priority, policymakers in the United States and China have been consistent: They have declared the sector an important strategic industry for the future.

And they are acting accordingly. With the Inflation Reduction Act (IRA), the US government has launched a large-scale funding program for domestic green technologies. The initiative is very well designed: easy to understand, non-bureaucratic, and open to new technologies. The Americans are explicitly relying on market forces. The philosophy of the IRA is that anyone who invests according to the program's guidelines should be able to make money.

Needless to say, China has long since declared the wind industry to be its flagship domestic industry and has launched programs to support it. Massive funds are being made available in China and production capacities are being expanded. And thanks to generous support from the government, the country is now the largest market for wind power in the world.

The Chinese and American offensives are putting pressure on the German government and the EU Commission to act in their energy policies for Germany and Europe if the three stated goals of climate protection, independence, and affordability are not to be jeopardized. This means that in Brussels and in the capitals of the EU member states, wind energy must be seen as a strategic pillar of energy policy. In concrete terms, this also means that Europe can only achieve a largely independent energy supply if all the important links in this value chain, from research and development to production, from workforce skill set to the construction of important components, are maintained in Europe. This makes the Green Deal activities launched by the President of the European Commission all the more important. But there is still a lot to be done.

There is no doubt that the European wind industry has built a solid foundation for its mission in recent years:

1. It has a powerful and competitive technology at its disposal to deliver clean electricity economically.
2. It currently provides direct and indirect employment for more than 300,000 people, and that number is expected to grow many times over the next decade.
3. It is creating the critical infrastructure that Europe needs for a sustainable and self-sufficient energy supply.

The enormous potential for value creation is also reflected in the industry's rapid growth rates. But to unlock this potential, policymakers need to do more. The necessary transformation of the energy market has also made old business models obsolete, while new ones have not yet been established or are inadequate. Moreover, in the midst of a severe energy crisis, the European wind industry is facing the challenge of transformation. As a result, while massive investment in renewable energy development is needed to build a sustainable supply for Europe, wind turbine manufacturers are losing money.

This makes it essential for policymakers at EU level to create a framework that creates and promotes a functioning market at all key stages of the value chain. The fact that there are still significant shortcomings in this area can be seen, for example, in the offshore auctions in Germany, which allocate the German seabed for wind turbines in a manner similar to the auctioning of mobile phone frequencies. Whether the result of such a process has been good cell phone coverage is a matter for other people, but it does seem counterproductive to achieving energy policy goals. In the summer of 2023, an international consortium paid more than 12.5 billion euro for the right to develop wind farms at four offshore sites in the North Sea and Baltic Sea. This amount is destined to be included in the price calculations of the wind farm operators and will therefore significantly increase the electricity bills of businesses and households.

Policymakers would be well advised to change the design of these auctions. Tendering for wind farm locations should not be about money alone. Sustainability does not come for free; qualitative aspects such as environmental protection, recycling, energy security, jobs, or research and development investment should also be taken into account.

In order to facilitate entrepreneurial action and corresponding investments, further economic policy framework conditions must be created quickly at German and European levels.

Including, for example:

1. The simplification and acceleration of approval processes
2. The accelerated expansion of the grid infrastructure with simplified and transparent feed-in options to move green power from A to B, including urgent improvements to the transportation of wind turbines.
3. Reliable agreements for trading green energy across Europe,
4. Increased commitment to research and development to aggressively expand sustainable energy production; and
5. The support of wind turbine manufacturers with public funds.

Companies will only be able to meet the challenge of the energy transition and act accordingly if investment security exists along with assurances that expansion targets will be continuously reflected in the order books. This also requires better access to investment capital and direct financial support for building production capacity. Additional production capacity is needed, especially for offshore expansion, and it is needed urgently: Four to five years elapse between an auction and a producer being commissioned, but the need for investment is today, not five years from now.

The political landscape is finally in motion and seems to have realized that the wind industry is of central and strategic importance for Europe. In December 2023, the EU Energy Council adopted a wind energy statute to protect European manufacturers from unfair competition from abroad. This is an important first step in ensuring that the essential components of this industry, including the key links in the supply chain, can remain in Europe in a reliable and sustainable way.

This is the only way to ensure that Europe does not slip back into a fatal state of energy dependency. It is up to policymakers in Berlin and Brussels to translate these findings into further action to prevent the wind industry from following in the footsteps of the solar industry, where most of the innovation has come from Germany after all. Domestic companies, however, had no chance against the highly subsidized, state-owned Chinese manufacturers. In the meantime, the industry has almost completely moved out of Germany.

This is a lesson we should all have learned by now.

The Role of Capital Markets in the Transition to a Sustainable Economy

by Joachim Faber*

I first became involved with climate change and sustainability about twenty-five years ago. At the end of 1995, Dresdner Bank acquired the asset management company Rosenberg Capital Management (RCM). Shortly after the turn of the millennium, Allianz, for whose asset management activities I was then responsible, acquired RCM from Dresdner Bank.

RCM was one of the first companies in the asset management industry to join the Carbon Disclosure Project (CDP). This initiative, composed primarily of UK and continental European asset managers, viewed sustainability and climate issues as critical to humanity and therefore to the financial industry. Its initiators had decided to create more transparency and increase the flow of information about the sustainable practices of companies in their sector and to the capital market about which companies are sustainable and which are not. The hypothesis was that if the owners of large, publicly traded companies began to articulate their concerns, capital market participants could improve issues such as climate change and sustainability without waiting for government regulation.

A growing number of asset managers joined the initiative. Even before politicians and governments embraced sustainability, the asset managers involved agreed to a voluntary code of conduct. They required companies in their portfolios to report on environmental issues at semi-annual meetings.

*Joachim Faber was a member of the Allianz Board of Management for many years and is now a member of several supervisory boards.

Initially, the questionnaire was fairly straightforward, focusing on issues such as CO_2 emissions and the potential for migration strategies to less environmentally damaging business models.

The CEOs of these companies initially reacted with irritation or bewilderment. It quickly became apparent that they and their investor relations managers were typically unaware of their companies' emissions levels. Occasionally there seemed to be skepticism about the relevance of such issues.

I found the CDP initiative, which I first learned about at RCM, to be very compelling and groundbreaking. It provided an effective way to incentivize CO_2 reduction independent of government mandates. I then introduced this initiative to Allianz's Asset Management division. We were one of the first asset managers to become actively involved in this area, and with good reason.

The early 2000s were a transformative decade, marked by growing awareness in society and the financial industry. Previously, environmental issues had been neglected by capital market stakeholders, and sustainability was an unfamiliar term to most. However, these issues have now become an integral part of investor dialogue with management. By the second meeting, the executives interviewed had been sensitized to environmental issues. They came prepared with Excel spreadsheets containing estimated CO_2 emissions and initial migration strategies for more sustainable business practices.

This trend accelerated significantly in the following years. Meanwhile, politicians and governments, especially in Europe and more hesitantly in North America, began to take notice. About a decade later, the European Commission issued a directive requiring companies to report on environmental, social, and governance (ESG) issues. This required detailed reporting on issues such as corporate governance (G), social responsibility (S), and environmental impact (E). These reports also had to be audited and certified by accountants. Beyond 2010, we have entered a decade of concrete actions and initiatives for greater sustainability.

This trend continues unabated. By the early 2020s, however, climate change activities have taken on a form characterized less by evidence and effective action than by complex, detailed regulation. This is particularly evident in legislation, especially at EU level.

We are seeing a surge in ESG certifications in the financial community. In response to regulatory requirements, a growing number of investment firms are displaying ESG certificates to demonstrate their strong commitment to sustainable investing. The goal is to attract environmentally conscious investors and enhance the company's image. However, I fear that this is mostly greenwashing, sometimes to an excessive degree.

Several large US pension funds now believe that ESG activism has gone too far, and have even withdrawn funds from high-profile asset managers. Even more serious is the impact of regulations such as the EU taxonomy, which defines which economic activities are sustainable. This taxonomy is also used to assess risk, for example when banks lend money.

The consequences are more than questionable. The effects of such dirigiste regulations undermine, at least in part, the allocation function of the capital market. Ultimately, who gets how much equity or debt and on what terms is decided by bureaucratic bodies. The market is massively distorted if not de facto abolished.

An exaggerated concern? Unfortunately not. The EU taxonomy has long since found its way into bank lending practices. The European Central Bank (ECB) is implementing the EU Commission's guidelines, which require banks to take a very critical look at loan approvals for companies with relatively high CO_2 emissions or that belong to certain sectors (e.g. arms manufacturers), or to require them to have significantly higher equity capital. The resulting distortion is that steel makers or defense contractors may be forced to raise debt capital from hedge funds or the private debt market on far worse terms. Whether the companies in question want to invest in more sustainable production processes or are tasked with equipping the German armed forces in a geostrategically critical situation is irrelevant from the perspective of the taxonomy.

Let's avoid any misunderstandings: I am a staunch advocate for climate action and for greater sustainability in business. Climate change is a social and economic challenge that we must address. And awareness of the value of sustainable corporate governance is ultimately an expression of professional risk management. In recent years, however, it has become a largely missionary movement that increasingly eschews rational arguments. Often it's not about effective climate protection, as the German nuclear phase-out shows, but about ideology, sometimes with a fundamentalist critique of capitalism.

It is therefore time to return to a sensible, rational course in the fight against climate change, especially in the financial sector. This means that the ESG trend needs to shed its superstitions and (re)focus on the facts. It also means that regulations and disclosure requirements for the asset management industry should no longer be used for whitewashing.

In my view, the current disclosures in many ESG reports should be treated with great caution. Over 20% of global assets under management are ESG compliant: Europe has the largest share. The share in the United States is much lower, but the absolute volume is enormous.

These green label investments have reached a scale that raises serious questions about whether they are really backed by actual environmental projects. I have personally experienced the difficulties that can arise in practice. I have invested in several forestry projects that create carbon sequestration capacity. We wanted to issue a green bond for one of these projects in New Zealand, a sustainable bond that would invest specifically in tree planting; the CO_2 sequestration capacity that could be achieved was very easy to calculate. One would think that this would be an ideal investment for sustainability-oriented asset managers.

But the asset managers I discussed green bonds with had different opinions. Instead of these smaller-scale projects, they prefer large-volume investments in green bonds issued by the Federal Republic of Germany, the United States, or other highly rated economies, because they require less effort. A portion of the national budget is effectively painted green here, i.e. declared a sustainable investment according to current ESG criteria and offered on the capital market.

Large asset managers in particular like to take advantage of this. They can use it to boast that they have invested billions in sustainable, ESG-certified investments and win public acclaim for doing so. But are such commitments really effective in the fight against climate change? You may be excused for doubting. If one takes the trouble to analyze the relevant items in government budgets, many of them turn out to be mere window dressing.

As understandable as the fund companies' behavior may seem, it is risky in the medium term. After all, the industry is putting its own credibility on the line – which is still a valuable asset, especially in the capital markets. The problem is that credibility, like sustainability, is a qualitative concept that is difficult to quantify. Assessing whether or not a company's sustainability positioning makes sense requires a mix of experience and meticulous research that has so far defied simple measurement.

Of course, this does not change the fact that the market for ESG certification is booming. And more or less all listed companies that want to publish an ESG report have the same experience. About half a dozen agencies issue ESG ratings, some of which are constructed in very different ways. Capriciousness seems to be the main factor in the methodology, and there is a clear lack of objective metrics. As a result, a company may perform well with one ESG rating agency and poorly with another. Of course, any investor relations manager will then choose the rating that certifies him or her as a good sustainability performer.

Regulators want to end the proliferation of rating methodologies, but this is unlikely to improve investor focus or even objectify sustainability. What is needed is a broader reorientation of the approach. If it is not possible to quantify sustainability, there are still qualitative methods to make a reasonably informed judgment.

In this context, lessons from the past can also be helpful. Asset managers used to use exclusion lists to decide whether or not to include a company in an ESG portfolio. For example, if a company was more than 20 percent in the arms business, it did not receive the ESG label.

Another option is the best-in-class model. This is based on whether or not a company has an exemplary track record of sustainability within its industry. If, for example, a company in the steel industry – a sector with particularly high CO_2 emissions – is proven to be best in class in terms of greenhouse gas abatement and can also demonstrate credible initiatives for further reductions, then there is little to be said against including such stocks in an ESG portfolio. In any case, it makes a lot more sense to me than dumping the company and leaving it to the hedge funds.

I am not alone in this view. There now seems to be a change of attitude in the asset management community towards the use of sustainability criteria. This is particularly true for US-based asset managers. They are more critical than their European counterparts of the ESG approach, especially the environmental component as one of the most important investment criteria. This is not only because it can be detrimental to performance, but also because societal attitudes toward individual sectors, such as defense contractors, can change.

But Europe should also return to a sensible approach. The EU Commission's attempt to use the taxonomy to create a kind of knock-out system for assessing a company's sustainability position is the result of a political compromise rather than scientific thinking. I find this system highly problematic and simply inappropriate in terms of usability and effectiveness. It operates with a false precision that is the result of political compromises and ideological guidelines.

In my view, a decentralized, market-based solution that harnesses the swarm intelligence of the many players in the capital market is much more effective than such a centralized decision-making grid for ticking sustainability boxes. And to see violations of sustainable business practices for what they are: a measure of risk to shareholder value.

The relevant benchmark for asset managers should therefore be whether a CEO credibly and competently addresses the risks relevant to his or her business, including the risks of social acceptance. Regular meetings are a reliable way to determine whether companies are putting environmental risks on the back burner or consistently addressing them. The same goes for the social aspect of ESG. A supply chain law is far too detailed a requirement for a company that is simply overburdened with meeting all the relevant criteria in the 5th or 6th tier of its supply chain. A reasonable explanation in a conversation with the CEO or in the annual report is not enough. Asset managers then invest accordingly.

On the other hand, CEOs who focus only on short-term profits and ignore ESG risks will face a backlash from the capital markets. Cases such as BP and Shell show that the market works here, too, sanctioning violations of sustainable business practices.

International capital markets have played a major role in the dynamic evolution of corporate environmental awareness and governance over the past 25 years. These investor preferences have become almost existential for companies, acting as a powerful force shaping their approach and prompting them to adapt their business models accordingly. This critical path for businesses must not be neglected if policymakers prioritize overly prescriptive regulation.

A Plea for a Paradigm Shift in Risk: Who Doesn't Dare Doesn't Win

by Leonhard Fischer*

When I first encountered the term "sustainability" in the context of business strategy, I dismissed it as a passing fad, perhaps a reflection of my advancing years and my resistance to the unfamiliar. It was a bit like jogging becoming the cool alternative to the once boring long-distance running of my youth. To me, the very foundation of business success was inherently sustainable – what else could it mean to be successful over the long term and consistently deliver products or services that resonate with customers? If that's not sustainable, what is?

It soon became clear, however, that modern sustainability studies were not intended to revolutionize business management, but rather to instill a new zeitgeist in companies. A welcome development, I thought. It seemed plausible to me. For better or worse, companies have always been driven not only by their economic mission but also to a large extent by the prevailing social zeitgeist. And the zeitgeist of our time is, among other things, sustainability.

For me, this is driven by the quite rational desire to demand that all things that are not subject to natural price formation and thus economic scarcity should at least be taken into account as a side condition of the entrepreneurial efficiency process. Especially when it comes to the public good of the environment, and more specifically to the issue of CO_2 and climate, this is certainly not only a laudable approach but also a necessary one.

*Leonhard Fischer is a capital market expert, member of the Board of Directors and Head of the Investment Committee of the "Zukunftsfonds".

But this is where the problems begin. Whenever there is no transparent pricing process – and this is still the case with CO_2, despite all attempts – the question arises: how much, for whom, at what cost, and why me and not the other guy? The answer so far: Still more bureaucracy.

Which brings us to the second, even more pressing problem, which is that this very bureaucracy has an unfortunate side effect. And I'm not even talking about increased inefficiency. In addition to the climate issue mentioned above, the self-perpetuating bureaucracy wants to and will incorporate a whole host of other more or less sensible and more or less urgent issues into ever more comprehensive conditions for doing business. And Europe's federal structure seems to fuel an enthusiastic race to outdo each other with new regulations at all levels, from local councils to the Commission in Brussels. Of course, it's always about the good, the great, and the whole. Unfortunately, such efforts eventually lead to nonsense, such as the ESG criteria. These are just soft factors without a clear legal definition, but they are increasingly influencing the standardization of business conduct. And unfortunately, this process is taking place largely outside the traditional separation of powers.

For me, an example of the excesses of such an approach is the European Central Bank (ECB). Perhaps because its actual sovereign task of maintaining a stable and price-oriented monetary policy seemed too boring a few years ago, the ECB has in recent years developed ESG criteria for its already questionable business practice of massively buying up all kinds of securities. But what exactly does this mean?

Securities of companies that, for whatever reason, meet these ESG criteria, defined by whomever and wherever, will have higher prices, i.e. lower interest rates, than those of other less fortunate companies. Such an approach opens the door to abuse. Moreover, these arbitrarily set higher costs are nothing more than a kind of penalty tax through interest rates. I will not dwell on this aspect, but I would like to make a remark to the ECB, which is so concerned about its independence: "No taxation without representation."

My first hypothesis is therefore: The bureaucratic definition of sustainability through barely comprehensible guidelines such as ESG criteria is leading us and our economy down a blind alley. The side effects of these regulations far outweigh the benefits. One example: Several publicly traded commodity companies are currently considering moving their listings from the LSE in London to America. The reason: The overemphasis on ESG criteria by European institutional investors is resulting in a significant valuation discount on the exchanges compared to US exchanges. In the long run, listing in Europe means higher financing costs and fewer strategic options for companies. This cannot be sensible and shows the perverse incentives of such a system, which personally reminds me more of trading in indulgences than a sensible approach to CO_2 reduction.

The second goal that is increasingly being mentioned in the public debate is a new form of asceticism: collective abstinence. It goes without saying that every person and every company should try to avoid or at least reduce unnecessary resource consumption for many reasons. But what constitutes unnecessary resource consumption should basically be left to people themselves.

In contrast to rampant bureaucracy and mandated sacrifice, a renewed emphasis on meritocracy would be far more sustainable. In a world of more than eight billion people, what we need most is new ideas and technological innovation. Both require a willingness to perform and a commitment to excellence. A four-day working week and an exaggerated work-life balance will certainly not generate the excellence and competition of ideas that are the foundation of progress.

Unfortunately, innovative technologies for energy production, consumption reduction, or recycling, as well as new approaches to resource-efficient management, do not come easily or without significant effort and investment. These advances require careful planning, research and development, and are not readily available solutions. And they can only be sustainably developed, fought for and achieved with a sometimes obsessive drive for performance and success.

However, a willingness to perform is a necessary but not a sufficient condition for success. Risk taking must also be part of the equation. Whether we like it or not, the key to our future lies in the societal and personal willingness to take risks. Risk is one of the central building blocks of success and progress.

Unfortunately, the term “risk” has a particularly negative connotation in Germany. Many people associate risk more with gambling than with the cool, calculated handling of uncertainty and the taking of entrepreneurial risks. Yet the uncertainty of daring to do something is the very essence of entrepreneurship. Those who do not take risks, i.e. those who don’t dare, don’t win.

The modern state in Europe, on the other hand, seems to want to lead us into a kind of fully insured future. This applies to companies as well as to citizens and the state. Increasingly, one gets the impression that the task of risk management in companies is converging into an administrative process of risk avoidance. The suspicion is unavoidable that companies are de facto forced to secure even minor decisions against impending dangers, i.e. lawsuits, with a swarm of lawyers, consultants, and auditors due to the rapidly increasing bureaucratic requirements in an ever-growing number of areas. This is how a culture of doubters is created, one that is diametrically opposed to the necessary willingness to take risks.

The state also offers us citizens comprehensive care. Pensions, for example, remain untouched, even though it is clear that only a significant shift in the retirement age can stabilize the system in the long term. Even the so-called citizen's income, whether it is too high or not, implies that every citizen is entitled to something. In a reversal of John F. Kennedy's famous quote, the new message is: Ask not what you can do for your community, but what your community can do for you. The central problem with this approach is not even its affordability, but the loss of agility and risk-taking that it implies for a society.

Yet it is precisely risk-taking, the courage to try new things and to take risks, that is the foundation of sustainable prosperity. This is especially true if we want to define the protection of our natural resources as a central prerequisite for our prosperity.

This is my plea for a new zeitgeist. We need to take risk out of the social shadows. Europe, and Germany in particular, need a paradigm shift in risk. To understand this need, we need to answer a few simple questions.

Why has real per capita growth in our country lagged so far behind the US for 30 years, and why are our citizens becoming poorer than Americans? And why are virtually all key innovative industries in the West dominated by American companies, and more so than ever before? Why do almost all important innovations come from the United States?

It is certainly not because we have fewer talented or less educated technicians or engineers, because we have plenty of smart people. There are, of course, many possible explanations for this lag. I am convinced that two factors stand out, and both have to do with risk-taking.

The first is fracking. This technology has transformed America from an energy importer to an exporter over the past 20 years. But it is not only the dramatic political and economic gain in autonomy brought about by fracking that is striking. Thanks to fracking, American companies and households have seen their energy costs fall – in stark contrast to us. Even in the best times of gas imports from Russia, our gas price was on average two to three times higher than in the US.

Germany's business model has never been cheap energy from Russia, only supposed security of supply at reasonable prices. An illusion, as it turned out. But it gets worse: At the same time, America not only benefited from cheap energy but also replaced its coal with gas and thus significantly improved its CO_2 balance, all thanks to fracking. We Europeans still consider such an approach too risky. We'd rather make ourselves completely dependent on liquefied natural gas, which has to be shipped halfway around the world at great expense. That doesn't seem very sustainable to me.

The second key component of American success is a capital market that provides large amounts of venture capital, even for outlandish ideas. This is how the Googles, Netflixes, Amazons, and Teslas of this world came into being. Meanwhile, in Europe, we're debating whether we can afford, or even want, a capital market and banking union for the common eurozone. The risk that German taxpayers will have to foot the bill for old Italian government debt seems too high to us.

Strange, since we have already effectively communitized some of the eurozone's public debt through the ECB's massive purchases of government bonds. We vastly overestimate the risk of a capital market union, while dramatically underestimating the permanent losses in growth and prosperity from a less efficient and risk-averse European financial market. But as noted above, we are best in class on ESG criteria. At least that makes us feel better.

Too much bureaucracy and too little willingness to take risks – this "concept" will not work. Instead, we will continue to fall further behind and fall far short of our region's potential. And we will certainly not be able to save the global climate, and if we do, it will only be in soapbox speeches.

It is clear to me that there will be no less bureaucracy. The interests are too entrenched. So we have to be able to pay for the bureaucracy. But how? My sustainable answer to this is: By taking more risks!

Sustainability as a Driver of Growth

by Stefan Grosch*

The challenges facing business and politics have grown at a dizzying pace in recent years. In the face of geostrategic upheavals, wars, and economic crises, one might be tempted to put sustainability on the back burner, at least temporarily. However, I am deeply convinced that this would be a grave mistake.

Tackling climate change cannot be delayed. At Bosch, we were committed to sustainability long before it was at the top of society's agenda. We are guided by the conviction that sustainability must be a non-negotiable part of our business activities. Our entrepreneurial task is to find technology-based solutions to today's ecological challenges. Accordingly, we are investing heavily in sustainable technologies, such as electric driving, hydrogen technologies like fuel cells and electrolysis, as well as heat pump technology.

We believe that technology can make a decisive contribution to shaping a better future together. We work every day to develop technology "invented for life" – technology that inspires people, improves their quality of life, and helps conserve natural resources.

The increasing number of regulatory sustainability requirements that companies face, which are certainly challenging in their complexity, may currently overshadow the implementation of such entrepreneurial activities. This makes it all the more important to keep a close eye on the company's individual goals and to recognize opportunities.

*Stefan Grosch is Labor Director and Member of the Board of Management at Robert Bosch GmbH.

Bosch is convinced that sustainability can also make a significant contribution to achieving growth targets and act as a decisive "enabler" for the future of the company. We see particular business opportunities in the areas of environmental sustainability, especially climate protection, recycling, and water.

Bosch has therefore set itself the goal of strengthening its own competitiveness on the basis of the requirements of the respective markets and of achieving win-win situations between business and sustainability. In this context, the new regulatory requirements also represent an opportunity for us, as they create transparency and comparability of our sustainability goals, our key performance indicators (KPIs), and our performance with that of other companies. This will drive competition for the best sustainable solutions – a "sustainability race to the top" – and we are up to the challenge.

Our sustainability target framework is based on market analysis and benchmarking. It outlines six focus areas that form the heart of our sustainability activities. In addition to climate change, recycling, and water, the framework includes human rights, health, and diversity. As part of our commitment to responsible corporate governance, we balance the economic, environmental, and social dimensions of our business activities.

Initial analysis shows that our sustainability target framework with its six focus areas remains valid in the new regulatory environment. The issues that were important to our company yesterday will be important to our company tomorrow. In other words, our approach over the past few years has been justified. We can build on existing programs and measures and evolve them in a focused and consistent manner.

Some regulatory requirements, such as the EU Corporate Sustainability Reporting Directive (EU CSRD), will even help us, as all six focus areas will be made transparent and measurable for us and all market participants through comparable KPIs and targets – not only for our own sites but along the entire value chain.

The performance of the company, especially in the six focus areas, forms the basis for its market success. Compliance with legal requirements, adherence to social values and standards, and a good competitive position are a kind of “license to operate” for a company.

In addition, issues such as climate protection, recycling, and water offer potential for positive differentiation from competitors. Examples include energy-efficient or water-saving products, recyclable packaging, or repairable products.

In order to exploit this potential in a competitive environment, it is not only important to differentiate oneself positively from the competition on the basis of facts, for example by using less energy. It is also important to highlight the facts that are valued by the target customer group. Our claim “Invented for life” becomes a reality when both conditions are met: Our products inspire people, improve their quality of life, and help conserve natural resources.

At Bosch, we use the value driver analysis method to systematically identify and evaluate growth potential in the area of sustainability. A value driver tree consisting of several input variables mathematically describes the effects on the main variable, for example CO_2. Input and key variables can be influenced by “levers” and associated actions.

These levers are the "control knobs" for improving the main variable CO_2. In this way, potential measures can be systematically tested and their effects simulated. Since the value driver tree describes not only the physical relationships between energy sources, energy consumption, and the resulting carbon emissions but also the financial impact of the measures, it enables a comprehensive financial and non-financial evaluation.

The idea for the value driver tree came from our own business experience with climate neutrality. In 2019, Bosch announced that it will be the first global industrial company to achieve carbon neutrality (in Scopes 1 and 2 of the Greenhouse Gas Protocol Corporate Accounting and Reporting Standard) at all of its more than 400 sites worldwide as of 2020. We successfully achieved this goal in the spring of 2020. This carbon neutrality will be achieved through the use of four levers: increasing energy efficiency, generating energy from renewable sources in-house, purchasing electricity from renewable sources (green power), and offsetting remaining emissions with carbon credits.

For each lever, potential measures were identified and evaluated for technical feasibility, market availability, economic viability, and positive impact on Scope 1 and 2 carbon emissions. The result for each of the levers was a technical and economic package of measures, from which the KPIs and targets for each of the levers were derived.

For example, the energy efficiency lever set a savings target of 1.7 terawatt hours (TWh) by 2030. This corresponds to around 20 percent of the Bosch Group's energy consumption in the base year 2018. The package of measures includes not only conventional measures such as lighting, variable-speed compressors, compressed air management, and waste heat recovery but also the use of new technologies such as a networked energy management system (Bosch Energy Platform) and the use of heat pumps and stationary fuel cells.

Approximately 58 percent of this goal has already been achieved. Since 2019, we have initiated approximately 6,000 projects worldwide, unlocking a savings potential of 0.98 TWh. Last year alone, we added more than 1,300 new projects with a savings potential of 0.18 TWh.

A target of 400 gigawatt hours (GWh) by 2030 has been set for the "corporate renewable generation" lever. Given the regulatory environment, we are therefore focusing on building rooftop and ground-mounted photovoltaic systems at our sites.

Today, 114 Bosch sites worldwide use solar energy to power their operations. We also use hydroelectric power at our Blaichach site. In total, Bosch generated around 149 GWh of renewable energy last year. This represents an impressive 37 percent of our 2030 goal. In addition, 36 of our sites have new photovoltaic systems with a total collector surface area equivalent to 18 soccer fields.

Since it's physically impossible to meet all our electricity needs with our own renewable energy, we at Bosch rely on green power. By 2023, the Bosch Group will cover 99 percent of its global power consumption with green electricity. By 2030, we aim to generate all of our electricity from renewable sources.

Remaining carbon emissions, such as those from combustion processes (heating, process heat), are offset through compensation measures (carbon credits). We also use this lever to offset carbon emissions from electricity consumption in countries where green power is currently limited. With the progress we are making using these levers, we aim to reduce the proportion of offsets to a maximum of 15 percent by 2030 (compared to carbon emissions in the base year 2018).

We are on the right track: Last year, the volume of carbon emissions to be offset decreased to 0.6 million metric tons. Compared to the same period in the previous year, this corresponds to a reduction of approximately 0.1 million metric tons of carbon or a compensation share of approximately 19 percent (compared to carbon emissions in the base year 2018).

The "energy efficiency" lever is the cornerstone of our carbon neutrality strategy. It not only reduces energy consumption and associated carbon emissions but also provides significant cost savings, making the entire program economically viable. To maximize this win-win situation for the environment and our bottom line, we deliberately set a very ambitious energy efficiency target curve in the early stages. This approach proved particularly beneficial in light of the massive energy price increases triggered by the war in Ukraine. What is more, our success in meeting energy efficiency targets is increasingly being recognized by our customers, giving us a competitive edge in the bidding process.

In the early stages of our carbon neutrality program, we developed a model that summarized the mathematical relationships between levers, underlying measures, upstream variables, and the main control variable, CO_2. This allowed us to track the success of the program, and the first value driver tree was born.

We quickly realized that the levers and measures we had identified could also be applied to Scope 3, which encompasses the upstream value chain and the downstream phase of the use of our products by our customers. So we transferred the system and the experience we had gained from Scopes 1 and 2.

For example, the carbon neutrality levers at our sites can be transferred to our suppliers and their sites. The "green power" lever, for example, also makes a significant contribution to reducing carbon emissions in the upstream value chain.

To accelerate the transformation, we have developed several supplier programs. In addition to training, we encourage our suppliers to join initiatives like the Carbon Disclosure Project (CDP) and the Science Based Target Initiative (SBTi). Bosch Climate Solutions GmbH, which we founded in 2020, advises companies on climate protection and shares its experience in achieving carbon neutrality with other companies and organizations. Again, the focus is on finding win-win situations for business and the environment. In addition to providing conceptual solutions, we also help other companies with the technical implementation – including with the help of the Bosch product portfolio. At the same time, we are driving the transformation and innovation process in the downstream value chain, particularly with respect to our product portfolio and its use by our customers through to the end of the product life cycle.

We currently see the greatest potential for carbon savings in business segments where products have a relevant energy requirement, i.e. primarily in mobility, thermotechnology, industrial drive and control technology, and household appliances. Three approaches that reflect the leverage logic described above are always at the forefront: further increasing energy efficiency, shaping the product portfolio, and transforming the energy sector through the use of green electricity, hydrogen, and biogas.

It is important to note that our potential for influence in each of these areas varies greatly. While measures to improve the energy efficiency of products or redesign the product portfolio have a direct impact, our influence on the supply of renewable electricity and green hydrogen is more limited.

By 2022, we have already significantly reduced the Scope 3 emissions caused by the use of our products, from 416 million metric tons of carbon in the 2018 baseline to 315 million metric tons of carbon. The main reasons for this are the evolution of our product portfolio towards higher energy efficiency classes, more energy-efficient motors and pumps, the offering of heat pumps and solar collectors, and the shift towards e-mobility. This is complemented by the positive impact of the evolving grid mix, which favors green power as electrification progresses.

The approach described for climate change can be applied in the same way to the circular economy and the water sector. In the context of climate protection, the circular economy represents a second side of the main control variable CO_2. While the programs described above focus on energy and the associated carbon emissions, the "carbon foot-print" of the materials used describes the other side of the same coin.

For example, the use of recycled materials (e.g. in plastics) can reduce the footprint because less carbon is emitted by avoiding the extraction of primary raw materials and saving energy. At the same time, it conserves primary resources and avoids or reduces negative impacts on land use, biodiversity, water resources, and, not least, negative social impacts.

This example illustrates another advantage of our approach: A manageable number of levers and associated actions create measurable economic, environmental, and social value – the classic triad of sustainability. The result is a compact, practical, and easy-to-communicate set of actions that has a variety of positive impacts in multiple sustainability areas – far beyond climate protection, recycling, and water. Transparency and comparability in the competitive environment help to leverage unique selling points (USPs) and close gaps identified.

The approach is continuously evolving and being increasingly integrated into our business processes. In this way, sustainability becomes an integral part of our existing processes and becomes more deeply rooted in our actions and culture every day.

But even the best ideas and technologies are useless if there is no market for them and their value is not recognized or appreciated by customers. Therefore, the process should not end with the identification of USPs and gaps but must be tested against feedback from the market. Tools such as market research, trend analysis, and customer surveys can help identify the right target customer segment for the sustainability arguments that are important from the customer's point of view. Product development and marketing use these insights to create market-driven products and solutions and to place them in the marketplace in a customer-centric manner.

Examples from a variety of industries show how well this approach works in practice: Bosch has started series production of its fuel cell drive system at its Stuttgart-Feuerbach site. The pilot customer is the American company Nikola with its fuel-cell-powered electric truck. A customized recycling concept was introduced at the same time. The core idea: Platinum is used in fuel cells where it acts as a catalyst, accelerating the reaction of hydrogen and oxygen. Recycling platinum eliminates more than 95 percent of the carbon emissions caused by platinum mining. At the same time, it is a valuable raw material that encourages recycling. This is why Bosch aims to buy back stacks when they become obsolete.

Another product in the hydrogen market of the future is the electrolyzer. This is used to produce large quantities of high-purity water, which is needed, for example, for power generation. Bosch is not only active in generation, compression, and storage, but also sees potential in water treatment. In addition to classic water treatment based on reverse osmosis, Bosch offers newly developed, low-maintenance systems for remote areas and offshore locations that can be operated with renewable energies and without the use of chemicals. Bosch is targeting regions with high levels of wind and/or sunshine. These include Northern Europe, Africa, and South America. The new systems help conserve valuable water resources. The technology is highly efficient, reducing the amount of "raw water" required by up to one-third. The systems can also be adapted to produce potable water.

As a globally established supplier of automation solutions, Bosch Rexroth supports the entire value stream of battery production: from the production of electrodes and cells to the assembly of battery modules and packs and on to end-of-line testing. Our customers do not just benefit from components, modules, and system solutions for automation but also from Bosch Rexroth's many years of expertise in battery production processes.

ONE SMART SPRAY, a joint venture between Bosch and BASF, develops technologies to increase the precision of spray pesticides. The system consists of multiple cameras mounted on the boom of the sprayer. This facilitates reliable weed detection and targeted low-dosage spraying. The camera system technology is combined with digital services and agronomic intelligence. This makes it possible to provide agronomic recommendations, create detailed weed maps and view actual savings in real time on mobile devices. Finally, reports and summaries of all the data are automatically generated and made available on the digital platform for documentation and analysis purposes. The final result should be weed-free fields with significant herbicide savings, operational efficiencies and sustainable agriculture.

Our Compress 6800i AW series heat pump, with its flow temperatures of up to 167 degrees Fahrenheit, is not only suitable for new buildings but also for existing ones, since it can heat rooms with conventional radiators and does not necessarily require underfloor heating. It is also one of the quietest models in its class, thanks to an integrated sound diffuser. This advantage is especially noticeable in densely built-up areas with terraced housing where noise pollution is significantly reduced. Compared to conventional heat pumps, it uses the natural refrigerant R290 (propane). R290 has a lower greenhouse gas potential than fluorinated hydrocarbons.

Our product and process innovations help make people's lives easier and more sustainable in many ways. By conserving water, energy, and detergents or helping to prevent food waste, customers can save money and live sustainably. One example of durability and performance is the new Bosch Series 4 vacuum cleaner.

Special features include a motor designed for durability (10-year warranty), washable filters for longer use, and reliable spare parts availability. The materials and packaging of the vacuum cleaner also help to conserve resources: The black version is made of 38 percent recycled plastic, while the other color versions are made of 30 percent recycled plastic. In addition, the packaging is made of 95 percent recycled paper.

In addition to using recycled materials for unavoidable and reusable packaging, we also focus on reducing packaging voids when shipping replacement parts for our home appliances. Voids mean more fill material, which increases the likelihood of damage in transit and also means higher transportation costs for the goods being shipped. Reducing the size of shipping cartons at the BSH logistics center in Fürth alone saves approximately 165,000 gallons. This is the equivalent of about seven trucks per year.

One way we are reducing our carbon footprint is by increasing the amount of recycled content in our power tools – drills, jigsaws, cordless screwdrivers and similar products. In four years, we have saved approximately 7,200 metric tons of virgin plastic, roughly equivalent to the weight of the steel structure of the Eiffel Tower in Paris, France.

One example of our sustainable product development is the Quigo Green cross-line laser, our first metrology tool with a housing and accessories made from 90 percent recycled plastic. We are now taking this concept a step further and applying it to the entire range of DIY measuring products. Beginning in the fall of 2023, 23 redesigned measuring instrument and their accessories and packaging will be available with a new sustainability concept and made largely from recycled materials.

When packaging measuring instruments for DIY enthusiasts, we are focusing on channel differentiation for consumer and online retail ("one product, two types of packaging"). While offline packaging in retail stores depicts the product and provides consumers with all the information they need, online packaging focuses primarily on the needs of the logistics process. It is robust, requires no secondary packaging, and is made of brown recycled material with a reduced white and green print image.

In the field of industrial drive and control technology, Bosch Rexroth is consistently working on the continuous improvement of the efficiency of its products – in this case, industrial machines in particular – e.g. through energy recuperation, reduction of flow losses or on-demand oil pressure generation. This reduces the energy consumption of the machines and contributes to climate protection. One example is our Sytronix portfolio. These variable speed drive solutions deliver exactly the power you need and go into standby mode when not in use. Depending on the work cycle, they can save up to 80 percent of previous energy consumption, reducing carbon emissions.

All these examples are embedded in our corporate strategy and divisional business strategies, which are based on the six focus areas of our sustainability framework. A value creation plan provides a consistent framework for business strategies and management. This helps us to systematically review how we operate and to identify opportunities to improve sustainability.

Our BSH, Home Comfort, Bosch Rexroth, and Bosch Mobility divisions have set growth targets for their respective business sectors based on market requirements. For example, BSH aims to expand its market position in energy and water-efficient appliances.

Home Comfort is targeting growth in the area of electrification, for example with heat pumps or hybrid solutions. Bosch Rexroth is committed to growth through the provision of repair and remanufacturing services to extend the lifetime of its products in the marketplace. With its innovative drive systems and electrified mobility, such as electric drives, fuel cells, hydrogen engines, and e-bike systems, Bosch Mobility is making a decisive contribution to transforming mobility and thus to achieving greater sustainability.

However, to further develop sustainability as a growth driver, we also need a key driver: the know-how of our workforce.

A recent survey of our senior executives shows that 85 percent of them are convinced that Bosch's commitment to sustainability is becoming an increasingly important competitive advantage. Not least because it reflects our claim to create technology "Invented for life" and increases employee motivation and attractiveness as an employer. Our employees should and want to be more engaged in sustainability and feel like they are part of the solution. This is why we have adapted our processes and structures. Centers of Excellence bring together the best minds from divisions, regions, and central functions, regardless of position or hierarchy, to work together on sustainable solutions for our company.

Our approach to sustainability is based on three core elements: a Center of Excellence, a value driver model, and a focus on material sustainability issues. We believe that this combination will enable us to strike a balance between environmental concerns and economic realities. It will enable us to systematically identify and leverage business opportunities – both current and future – as stepping stones to growth.

Transformation of the Industry Towards Sustainability and Climate Neutrality: DHL Group – A Business Case

by Melanie Kreis*

Sustainability is undoubtedly one of the most popular buzzwords in business today. Positively charged, it is widely demanded and called for by many. However, sustainability encompasses many diverse aspects of business, ranging from environmental issues to human resources and societal topics, as well as issues related to corporate governance and the capital market. While the scope of this article precludes an exhaustive exploration of all practical dimensions associated with a company like DHL Group's transformation towards heightened sustainability, I want to focus here on how a large company can integrate ecological sustainability into its processes and supply chains. Specifically, I will explore the decarbonization of DHL Group's business. This involves reducing reliance on fossil fuels and lowering greenhouse gas emissions, ideally achieving net-zero emissions without jeopardizing the economic viability of its business model.

The challenge is anything but trivial: DHL Group is one of the largest global logistics companies with an annual revenue of over 80 billion euro, some 600,000 employees, and an operating profit (EBIT) of more than 6 billion euro. With a presence in over 220 countries and territories, it is one of the most international companies in the world.

* Melanie Kreis serves on the Board of Management of DHL Group. She is responsible for the Finance Department.

This undoubtedly prominent position in the logistics industry comes with a correspondingly large carbon footprint: DHL Group's most recent annual greenhouse gas emissions, measured in CO_2 equivalents, amounted to nearly 33 million metric tons. This roughly corresponds to the CO_2 emissions of Slovakia, highlighting the significance of this issue for the company.

Recognizing the scale of the challenge, DHL Group embraced decarbonization at an early stage. This initiative predates the engagement of most political institutions and the adoption of the European Union's (EU) Taxonomy Regulation in June 2020. For the company, improving CO_2 efficiency and achieving an absolute reduction in emissions in the medium term is primarily a matter of corporate social responsibility. We are also convinced that this is a prerequisite for remaining competitive in the medium term and for the continued success of our business model.

Accordingly, we decided early on to lead by example. With our mission to achieve net-zero emissions by 2050, we are committed to clean business. For us, sustainability is not just a goal that we want to achieve in two and a half decades, but a path that we have been consistently pursuing at DHL Group for several years. We have created a roadmap, a detailed plan to achieve our goals in all ESG areas, including the environment. This sustainability roadmap also includes milestones to help us stay on track and measure the effectiveness of our actions.

The complexity of the challenge is at least as demanding as the goal, and not only because DHL Group is very large and operates in many markets. For example, a good three-quarters of our CO_2 emissions are generated in the what is referred to as the Scope 3 area, that is, not directly by us, but by suppliers and service providers – such as airlines and shipping companies – that work for DHL Group.

It was clear to us that we had to include these Scope 3 emissions in our targets and measures, even though they are not under our direct control. Another challenge is that the majority of our emissions, around 70 percent, come from aviation, which is an extremely difficult sector to decarbonize.

Goals are easy to formulate. Implementing them, on the other hand, is quite demanding and requires staying power. It also requires a systematic approach. That is why DHL Group's first step on the path to decarbonization was to systematically analyze and understand the problem and our challenge in overcoming it. It has always been important to me that we track CO_2 emissions through our financial systems and have them verified by auditors. We started this process more than 15 years ago. As a result, we now have a good sense of how big the challenge is and what measures are appropriate for decarbonization in the individual transport sectors.

And, of course, what these measures will actually achieve – and what they will cost. In 2023, DHL Group saved more than 1.3 million metric tons of CO_2 emissions through active decarbonization measures. This cost 442 million euro. To save one metric ton of CO_2, our company has to calculate a cost of 340 euro. By comparison, the price of EU CO_2 allowances is around 100 euro. Compared to other industries, this makes CO_2 avoidance in logistics an expensive business. And within logistics, the cost of decarbonizing the aviation sector is even higher, because sustainable aviation fuel is currently available only in very limited quantities, but is currently the only way to reduce CO_2 emissions for existing fleets of aircraft.

Of course, this does not change our commitment. Our goal of achieving net-zero emissions by 2050 remains, and we have developed a roadmap with a catalog of measures and a timeline.

We have also made a clear statement on financing: as an initial investment we are prepared to invest seven billion euro this decade to reduce greenhouse gas emissions. In the long run, however, we as a company must be able to earn our additional costs back in the marketplace, of course.

The decision to make a significant upfront investment in this decade was taken in 2021, after intensive internal discussions. Naturally, we also considered how our investors would react – 7 billion euro is a considerable amount, even for a company of our size. But when we presented our sustainability strategy to the capital markets, the response was positive. They appreciated that we stated a specific amount and provided a concrete derivation through actions, rather than simply stating general goals without a clear path to realization including the financial consequences.

Seven billion euro by 2030 may seem like a large amount in isolation, but in relation to our annual operating profit (EBIT in a similar range) it was also a manageable and appropriate dimension from an investor perspective.

Especially since doing nothing would certainly be the worst option from the point of view of the capital markets. For companies in the logistics industry in particular, securing their networks and market access through measures to reduce greenhouse gas emissions is of almost existential importance in the medium term. Even now, certain vehicles cannot be driven in many downtown areas. And it is foreseeable that some airports will soon be off-limits unless a minimum percentage of sustainable aviation fuel (SAF) is blended into the fuel. In order to remain operational and secure our business models in the long term, we therefore need to offer green solutions. In addition, larger corporate customers, who themselves are committed to sustainability goals, are increasingly demanding this.

Unfortunately, the implementation environment remains extremely challenging. This is particularly true of EU regulations, which often add complexity and bureaucracy rather than facilitate implementation. Our specialists spend a lot of time translating reporting formats defined in Brussels into the practical application of a global company and bringing them to life. This additional work is particularly problematic for the organization when the value the additional reporting requirements offer is not apparent. At investor meetings, when I ask if anyone has looked at our EU taxonomy reports, the answer is usually clear and sobering.

Regulatory constraints can make concrete action difficult. Take electric vehicles, for example: A few years ago, DHL Group decided to build its own electric delivery vehicles. This decision may not have been a brilliant financial idea, and it was heavily criticized by some investors. But the fact remains that we now have the largest fleet of electric delivery vehicles, with more than 35,000 zero-emission delivery vans. From an environmental standpoint, this is a great achievement for which we would expect to see a lot of green tick marks on the EU taxonomy checklists.

In reality, however, we learned that our electric delivery vehicles were not classified as compliant with the EU taxonomy. The reason: The tires on our vehicles made more noise than is allowed for sustainable, green mobility. So it is not enough to deliver parcels and packages without emissions; the EU Commission's taxonomy criteria also include additional criteria that have to be met. In this case, however, it was not easy for us: The only tires that could meet the noise limit were summer tires, but we cannot send our employees out on the roads in the winter in Bavaria with summer tires.

This problem has now been solved, but we face similar, and in some cases even more complex, challenges in other areas of the new EU taxonomy, such as air freight. We already know that in the next 15 years there will be no fundamentally new jet engines that will lead to significantly lower emissions. The only way to fly greener therefore is to refuel existing engines with green fuel in the form of the Sustainable Aviation Fuel (SAF) mentioned above, instead of conventional kerosene.

Although this is to be taken into account in the EU taxonomy, Brussels again provides for additional conditions that are likely to have rather questionable effects. For example, green aviation fuel will only be recognized for certain types of aircraft, and then only if the number of aircraft used does not increase. Such a requirement is both unrealistic from a business and consumer perspective and counterproductive from a sustainability perspective. It is much more correct to say that every ton of SAF used instead of conventional kerosene is good for the CO_2 balance.

The conclusion (thus far) about European regulation is therefore rather sobering. The requirements of the EU taxonomy do not always match the economic realities on the ground and in some cases, they even result in counterproductive steering mechanisms. As a result, this kind of regulation does not help to decarbonize the economy. On the contrary, it sometimes makes it more difficult.

And it doesn't help solve what is probably our biggest problem in the transition to an environmentally sustainable economy. Our real problem in meeting the goal of reducing annual greenhouse gas emissions from nearly 33 million metric tons today to under 29 million metric tons by 2030 and achieving net-zero emissions by 2050 is the availability of green energy. We want – and are also in the position – to increase the share of electric vehicles in our delivery fleet to well over 30 percent.

But will there be enough green energy to do so? And not just in Germany, but around the world? That is a big question mark for us. The same applies to sustainable fuel for trucks and Sustainable Aviation Fuels (SAF) in aviation. Given the slow expansion of production capacity in this area, it is relatively obvious that there will not be enough SAF on the market and that the decarbonization of air freight will be slowed down. This effect is sometimes exacerbated by misguided policy incentives for the use of sustainable fuels. For example, if the green fuel that is already too scarce is used in road transport – where there are alternatives – and not in aviation – where there are no alternatives yet – then it is foreseeable that we will not be able to achieve a 30% SAF blend for our air freighters. But this is an important prerequisite for achieving our 2030 sustainability goal.

What could work better in the face of such constraints? What could be done to more effectively help decarbonize the economy? One approach could be to better prioritize limited resources across industries in terms of emissions reductions. In the aviation sector, the cost per metric ton of CO_2 saved is between 400 and 600 euro, but there are many industries where the same effect can be achieved for 100 euro or even less. Wouldn't it make much more sense, both environmentally and economically, to invest in decarbonization where you can get the best return on your investment?

Especially since the technical implementation, for example, through the expansion of trading platforms, would be easier to implement than many of the instruments that are currently being implemented in the form of regulatory requirements. I know from many conversations with colleagues from other companies that the business community is willing to make its contribution – with money and know-how.

Of course, companies like DHL Group are currently pushing ahead with their sustainability strategies. But it is our firm belief that no major player can avoid the need to become a net-zero emissions company. However, in the medium term, it is expected that a portion of these investments will be recouped through customers' willingness to pay for green products and services. Otherwise, these activities would not be justifiable in the long term.

The German Ampel Coalition Government's Energy Transition – Anatomy of a Failure in the Making

by Hubert Lienhard*

According to the scientific community, climate change is currently the greatest threat to humanity and our planet. Experts have identified greenhouse gas emissions as the primary cause. Based on this knowledge, it makes sense for policymakers to define CO_2 reduction and avoidance as the top priority for energy system transformation and to align all measures with this goal in terms of timing and impact.

The German government's current targets are as follows. Double the number of passengers using public transportation by 2030. By then, 15 million zero-emission electric vehicles are to be on the road. The German government has also set itself the goal of phasing out coal-fired power generation, preferably by 2030. By then, 80 percent of the electricity generated in Germany will come from renewable sources. In addition, some 500,000 heat pumps are to be installed each year. And by 2045, the German government aims to be carbon neutral.

To ensure that Germany has enough energy even when wind turbines and solar panels are unable to produce energy due to what are known as "dark doldrums", gas-fired power plants are to generate electricity until then. The German government estimates this need at 20 gigawatts. That is the equivalent of 50 to 200 gas turbines, depending on how you do the math.

*Hubert Lienhard is a member of several supervisory boards, including EnBW, Siemens Energy, Heraeus Holding, and SMS Holding.

So is everything A-OK? Well, it would be nice if it were because the bad news is that Germany will not achieve any of its stated goals in the given time frame.

Several factors are responsible for the programmed discrepancy between the goal and reality: This includes market design in the energy sector, which needs to change radically as a result of the energy transition since the previous regulatory framework simply does not work in the new environment. At least as serious is the need to build a largely new energy distribution network for the planned energy world of tomorrow, progress on which is lagging far behind schedule and requirements. In addition, there are gaps and technical errors in project planning, legal and bureaucratic hurdles, and supply chain and workforce realities that are far from policy expectations.

But most importantly, there is no coherent overall plan for a purposeful reorientation of energy policy. This is due in part to the fact that the German government has imposed a number of self-imposed environmental restrictions. For example, in the country's transition to a low-emission economy, it has declared the use of nuclear energy taboo. It is also against the use of carbon capture and storage (CCS) technology. And, of course, energy – in other words electricity – should ideally come from renewable sources only.

In doing so, Germany is treading a unique path that no other economically developed country in the world has dared until now. Not surprisingly, these restrictions make the mammoth project of transforming the energy system much more complex and create additional, sometimes insurmountable difficulties in implementation, not to mention enormous costs.

The problems begin with the planning. The German Federal Network Agency (BNA), which reports to the German Federal Ministry for Economic Affairs and Climate Action (BMWK), is responsible for developing the German energy supply network in such a way that the government's goals can be achieved within the given time frame. To this end, the BNA has calculated the expected future demand for electricity in Germany. According to their projections, virtually all cars will be electric by 2045. Most homes and buildings will also be heated electrically.

This will lead to a significant increase in electricity consumption: the average four-person household will consume about 12,000 kilowatt-hours, up from about 4,000 kilowatt-hours today. And because industry is expected to switch from oil and gas to electricity for many processes, the BNA predicts that total electricity consumption in Germany will double from about 600 terawatt-hours in 2022 to more than 1,200 terawatt-hours in 2045. Some experts estimate even higher figures for electricity consumption.

Even more significant than the increase in energy demand are the changes needed to the power grid infrastructure. Historically, electricity has been generated primarily by power plants located near major industrial regions, and the power has been fed into the grid. In the future, a large and growing share of electricity will come from wind farms in northern Germany, both onshore and increasingly offshore in the North Sea and Baltic Sea. This will fundamentally change the requirements for the grid infrastructure.

Massive amounts of electricity will have to be transported from the wind farms in the north to the industrial regions along the Rhine and Ruhr rivers, as well as to the south and southwest of the country.

To do this with any degree of reliability, a significant part of the main distribution network will have to be rebuilt. This network is the backbone of the new energy policy. If it is not completed in time, neither heat pumps nor electric cars can be reliably charged with green electricity.

The scale of such a development requires a monumental effort. Consider the Südlink – the North-South German Interconnector – project, a DC transmission line designed to bring wind power from the north to the south. The project involves building underground cables between Wilster (near Itzehoe in Schleswig-Holstein) and Bergrheinfeld (near Schweinfurt) and between Brunsbüttel (at the mouth of the Elbe River) and Großgarten (a small town in Heilbronn district). These two underground cables are designed to transport four gigawatts of power over a distance of approximately 700 kilometers across the country. Building these lines requires digging (and then filling) a trench four meters deep and six meters wide across thousands of properties, under high-speed rail lines, highways and waterways, through residential areas and nature preserves.

In Germany, such infrastructure projects are akin to the work of Sisyphus, especially in terms of planning and bureaucracy. Permission to access each property affected by the route – some 19,000 in all – must be individually applied for and registered in the land registry. If environmental activists identify protected species along the route, further delays and additional costs may arise, such as the need to create mitigation areas.

A significant hurdle has been the introduction of the right to take legal action for environmental NGOs. This allows any NGO that is not directly affected to take legal action on behalf of, for example, a local farmer. These NGOs often have the resources to pursue such cases through all levels of the court system if necessary.

As a result, the Südlink project has become a vast playground for interest groups and lawyers. Skeptics now say that there are more lawyers than engineers involved in the project.

Not surprisingly, the project's timetable was outdated even before construction began. The Südlink was originally scheduled to go online in 2022. A year later, not even the few kilometers to the River Elbe had been completed. The groundbreaking ceremony was finally held in September 2023, five years behind schedule, as Vice Chancellor and Federal Minister for Economic Affairs and Climate Action Robert Habeck pointed out at the event. Electricity is now expected to flow through the underground cables from 2028. But experts are already questioning whether this deadline can be met, especially since the Südlink alone cannot deliver enough power. The BNA's plans call for the construction of two additional transmission lines if the demand for electricity rises to the projected 1,200 terawatt-hours per year.

The German government acknowledges that it needs to speed up approval processes to make up for delays in grid expansion. While the intent is laudable, many of the technical barriers to licensing that exist now and in the future are beyond federal control at state, county, and local levels, let alone at EU level. To make matters worse, one critical bottleneck exists that simply cannot be addressed by government decree: The federal, state, and local authorities simply lack the engineers to drive forward the necessary planning.

Significant additional time and money will also be required to upgrade the distribution network that delivers electricity to end users. Electrifying transportation, for example, requires a massive expansion in the charging infrastructure throughout urban centers.

This means extensive underground cable-laying projects. The result is large scale construction work everywhere in the cities. As major haulage companies also electrify their fleets, additional cable upgrades will be required since the existing infrastructure cannot handle the increased load.

The total cost of grid expansion is estimated at a staggering €300 to €350 billion. Even more worrisome is the time it will take to build a virtually new power distribution network. The government's projections significantly underestimate the actual time frame. This means that the completion of the backbone infrastructure that is critical to achieving many environmental goals is simply not achievable by 2030.

The German government's schedule problems extend beyond grid expansion. Its self-imposed restrictions on energy supply – heavily favoring wind and solar, while phasing out nuclear and soon coal – require new energy generation capacity to be built. But because wind can be unpredictable, with calm periods of up to four days a month in northern Germany, and solar power is limited in winter, a reliable source of baseload power is needed. The government estimates that 20 gigawatts will be needed by 2030 when coal is scheduled to be phased out. Gas-fired turbine power plants are expected to replace coal. It is estimated that 50 large gas-fired plants would be needed to meet this 20-gigawatt target.

Industry experts believe that the actual capacity needed could be much higher. In their opinion, they believe that Germany needs as much as 40 gigawatts. A subsidiary of the energy company EnBW, representing the industry-heavy southwestern region, estimates a need for 15 large power plants, none of which have even been requested.

There are good reasons for this reluctance. Under current market conditions, these new gas-fired plants would only be in operation for about 1,000 hours per year. The comparatively few hours of operation would not generate sufficient revenue to make them commercially viable. No bank or private investor would finance such projects under current market conditions. While government financial support is theoretically possible, it is highly unlikely given the current strained public purses.

This situation requires a new market design. Experience shows that this will be a time-consuming process. Detailed regulations of this nature require negotiations with the European Commission, which can take three to five years before the new market design is written. The permit process for these plants typically takes three years, followed by another two years of construction. As a result, these gas-fired plants won't be able to generate significant electricity for at least nine, and more likely ten, years.

As a result, the government will likely miss its goal of phasing out coal by 2030, assuming that no government would risk jeopardizing the energy security of the economy and its citizens. This means that our electric vehicles will continue to be charged with electricity that generates between 300 and 600 grams of CO_2 equivalent per kilowatt-hour (compared to about 40 grams in France). In such a scenario, the carbon footprint of heat pumps would be no better than that of gas-fired boilers.

The planned expansion of renewable energy sources is just as unrealistic as the timelines for grid expansion and approval of gas-fired power plants. Germany currently has about 32,000 onshore wind turbines. In a good onshore location, a turbine can generate electricity for about 2,000 hours per year, while offshore wind farms can more than double that with about 4,500 hours.

The German government plans to double the number of onshore wind turbines in the coming years, while tripling offshore capacity (currently at 10 gigawatts) and even quintupling solar panel generation.

Let's consider the scale of such an expansion: The European wind industry, which is currently under considerable pressure in terms of profitability, would have to invest massively in new capacity in order to meet these enormous growth requirements. But how can this be achieved if there is no binding overall plan, just a series of individual measures that do not seem to be in harmony? And where will the capital for such growth come from?

It is not just a lack of money. Supply chain problems and other bottlenecks are slowing down rapid expansion at many points. This starts with a lack of civil engineering capacity to lay cables, even in cities, and extends to wind turbines. Delivery times for large transformers, for example, can be more than three years. The situation is no better for other precursors, such as turbines and switchgear. There is also a lack of quayside facilities and transport vessels to install offshore wind turbines as quickly as German policymakers are planning.

In addition, several preliminary products require rare earth metals, which mainly come from China. The expansion of solar energy also depends heavily on the delivery of other supplies from China. In addition to the unavoidable delays, Germany will be more dependent than ever on China to implement the energy transition. In fact, politicians have propagated de-risking.

Worse still, many wind turbines and solar panels will not be able to deliver their power because the grid will not be upgraded and expanded in time. So, we are spending a lot of money on generating renewable energy without being able to make effective use of at least some of it.

What can be done? Is there a way to rectify the waste of time and money without sacrificing environmental goals? Or has the ability to alter energy policy already passed the point of no return? One thing is certain: If the German government really wants to pursue the goal of reducing greenhouse gas emissions as quickly as possible, a complete redesign of the energy transition is needed.

A new and realistic approach would be based on two key considerations:

1. Policymakers would need to approach such a concept in reverse, like a family planning to build a house: When do they want to move in? When does the interior need to be finished? When does the shell need to be built? And finally, when do they need to apply for a building permit?
2. The new approach would also need to focus on how to reduce CO_2 emissions most cheaply, effectively, and quickly.

Such an approach would also mean prioritizing the shutdown of the biggest polluters first and replacing them with less polluting, ideally CO_2-free, energy producers. Of course, renewable energy sources such as wind and solar would be used extensively. But the baseload would be secured differently than in previous plans. The first step would be to shut down lignite-fired power plants and – if nuclear power plants are ultimately ruled out for ideological reasons – to replace them with gas-fired power plants. This would cut emissions by at least half (based on the amount of electricity generated).

Ideally, these gas-fired power plants would be built in locations where power plants have been operating for many decades. This would save valuable time in the planning and approval process. Emissions from gas-fired power plants could be drastically reduced if the option of CO_2 storage were also used.

The German government has so far rejected carbon capture and storage (CCS). Now, however, even the Greens seem to be having a change of heart. The CCS process is now apparently going to be tested.

However, such a modified concept offers another clear advantage. As the BNA pointed out shortly before the end of 2023, the grid would have to be expanded much more than previously calculated due to the massive planned expansion of wind energy. Gas power plants equipped with CCS, on the other hand, would allow a much smaller expansion of the grid. In addition, grid stability would be much easier and cheaper to ensure.

Of course, such a redesign of the energy transition requires a rethink on the part of the German government. Political pressure in this direction may be growing, but it will probably not be enough. What gives me more hope is that the weaknesses and inconsistencies of the current approach are now being discussed even within the ranks of the governing parties, not least among the Greens. For example, even the BNA, which is headed by a Green politician, pointed out just before Christmas 2023 that the goal of phasing out coal-fired electricity by 2030 will not be achieved since the necessary expansion of the grid will not be completed by then.

If reality continues to ramp up the learning curve for those who have applied the brakes on an economically viable and environmentally sustainable energy policy, a real course correction may still be possible.

The Imperative for Innovation Hub Germany: A Call to Action

by Siegfried Russwurm*

Germany is under immense pressure as an industry base. The confluence of a nearly three-year long pandemic, a protracted 2-year war in Ukraine, and recent economic policies that prioritize complexity over reliable frameworks particularly recently has yielded concerning results. While the global economy is projected to grow by nearly 3% in 2024, Germany faces stagnation at best, following a contraction of 0.3% in 2023.

The outlook offers little solace. The current Ample coalition's 2024 federal budget, though arduously passed, fails to address the fundamental issue: A pervasive lack of confidence and trust in Germany's ability to achieve sustainable growth and global competitiveness. A comprehensive transformation plan, outlining clear cost structures and priorities, is urgently needed.

International figures paint a stark picture: Germany is falling behind. Worse still, the IMF designates it as the sole developed economy currently experiencing economic decline. And if anything like a glimmer of hope exists, it is in the growing recognition by key policymakers of the mostly self-inflicted structural weaknesses plaguing German as an industrial nation. The relative success of other industrialized nations, despite facing a plethora of similar external challenges, serves as a wake-up call.

*Siegfried Russwurm is President of the Federation of German Industries (BDI) and a Multi-Supervisory Board member.

Germany must strive to regain its footing and rejoin the ranks of leading economies. For a country so heavily dependent on global markets and exports, but lacking in raw materials, this can only mean one thing: Germany requires a renewed focus on international competitiveness, driven by robust industrial performance and cutting-edge innovation. Only through sustained growth can Germany achieve the necessary transformation.

In essence, the German economy needs to reinvent itself. But how? In today's volatile, uncertain, complex, and ambiguous (VUCA) world, resilience is paramount to achieving competitive sustainability. This does not mean autarky, but rather strategic management of interdependencies. Mitigating vulnerability to unilateral dependencies and potential exploitation is absolutely critical here. This means securing access to critical raw materials and fostering domestic capabilities to develop and produce cutting-edge and leading key technologies.

The digital economy, microelectronics and artificial intelligence (AI) play a crucial transformative role, but are not replacements for or in opposition to established industries in the old economy. The true strength of German industry on the global stage lies in the symbiotic relationship between these new technologies and traditional industrial value chains. This innovation potential is the key to securing prosperity in the future as well. However, Germany's and Europe's success here depends on their ability to offer sustainable products and business models in the global marketplace.

The road to regaining Germany's competitive edge is undeniably fraught with challenges. The recent ruling by the Federal Constitutional Court requires a paradigm shift toward fiscally responsible planning by the coalition government, regardless of the political composition. Balancing the now limited fiscal possibilities and requirements with the demands of transformation and resilience goals will be a highly complex undertaking. Political leadership is essential to set clear spending priorities.

The current economic hardship, coupled with the ongoing crisis environment, finally calls for decisive action. A robust policy effort is needed here to address the underlying structural problems. Simply throwing money at the problem is like a soccer team relying solely on financial resources to win: "Money alone doesn't score goals." Achieving global and sustainable competitiveness in an increasingly complex world requires a commitment to innovation. Germany must lead an innovation offensive to regain its global leadership position as an innovative force and maintain its competitive edge.

Speed is of the essence here. The global innovation race is on, and Germany, as the EU's economic powerhouse, has the potential to excel. Despite the challenges of its high-cost environment, Germany's diverse business landscape, ranging from mid-sized leading global champions to multinationals with a global footprint, is a major asset.

There is widespread recognition that innovation is not only the cornerstone of prosperity but also the foundation for achieving sustainability, decarbonization, and efficiency goals. A clear understanding of the current landscape is therefore paramount.

The revised 2023 Innovation Indicator published by the Federation of German Industries (BDI) provides valuable insights in contrast to the previous focus on individual actors (government, society, science, and business), the new innovation indicator takes a holistic view of the innovation ecosystem, also addressing the pressing challenges of our time: intensifying technological competition, geopolitical realignment, decarbonization, and digitalization.

"As a result, the new indicator prioritizes three key areas:

1. Fostering innovation,
2. Leveraging key technologies to develop future-oriented industries, and
3. Implementing sustainable practices."

But first, the bad news about Germany's competitive outlook: Currently ranked only seventh in key technologies, the nation has lost significant ground to competitors in recent years. This decline is particularly evident in digital hardware, such as micro- and nanoelectronic components, and new materials, because other countries are investing more and demonstrating a stronger commitment to these areas. While Germany's established strengths in manufacturing technologies, energy technologies, and circular economy technologies remain a ray of hope, the current position is not alone sufficient to maintain its standing in the league of formative heavyweights in the long term as an innovation leader.

Germany's performance in digital connectivity, which includes artificial intelligence and biotechnology, is disappointingly middling compared to the 34 countries included in the study throughout the analysis period. Excessively tight regulation is stifling Germany's growth potential. Urgent political action is needed in this discipline at both national and EU levels, which is made even more pressing by the recent course set by the European Union's AI law.

Germany needs to significantly accelerate its progress in becoming digital. The modern German industrial landscape in particular, characterized by increasingly automated logistics and value chains, offers a wealth of untapped application and development opportunities in this regard. While the innovation ecosystem has the necessary potential, it is being held back from reaching its full potential. The current approach, which heavily regulates research and development and prioritizes risk minimization over fostering innovation, is hampering Germany's competitiveness. Continuing down this path will only lead to further loss of ground to global competitors, ultimately jeopardizing Germany's industrial value creation.

Top performers such as Finland (ranked 1st) serve as a model for success. The nation has an excellent reputation for venture capital investment. Japan, ranked 3rd, is a leader in patents, while the US is known for its free-market environment and readily available venture capital.

So how can Germany regain its position at the forefront of international innovation? Dejection, resignation, and degrowth ideologies offer no viable path forward for business. What is needed are well-defined solutions and a renewed commitment to innovation. Decisive is also essential in the political arena, and cheap rhetoric needs to be replaced by concrete action. A sobering reality is the lack of progress in streamlining the debureaucratization of the innovation system. With few exceptions, approval and funding processes are far from being harmonized and digitalized. Moreover, digital signatures are generally not accepted in the processes.

In fiscally challenging times like the present, policymakers are also called upon to take advantage of opportunities that require little or no budgetary resources but can still provide a powerful stimulus.

Besides trade policy, this includes promoting the reduction of red tape and implementing targeted regulations that facilitate market access and accelerate the adoption of new technologies. The launch of the Future Strategy for Research and Innovation initiative and the German Agency for Transfer and Innovation (DATI), established by the DATI pilot funding directive, finally represent a positive step. Similarly, SPRIND, the Federal Agency for Disruptive Innovation (a policy project from the last legislative period). However, the case of SPRIND underscores the need for greater autonomy for this initiative to fully realize its potential. The SPRIND Freedom Act (SPRINDFG) has recently been enacted. Unfortunately, the same cannot be said for Real Labs, another political project from the previous legislation period. The legislation required for this program is still pending. Real Labs are crucial for testing new products and business models, and their full implementation depends on the drafting and implementation of the legislation for regulatory sandboxes, the Real Labs Act (Reallabore-Gesetz), which is enshrined in the Coalition Agreement. The online consultation on the Real Labs Act, which closed in September 2023, was an important step in this direction.

While Germany has certainly not been remiss in formulating strategies and setting ambitious policy goals, the country's policymakers have continually struggled to orchestrate and implement them in a timely and organized manner. They act too hesitantly, lacking the courage to take the big step forward. Moreover, this cautious approach has stifled the potential impact of current innovation policies on German industry.

Technological boosts in competitive markets only succeed when start-ups can quickly translate their innovative ideas and economic potential into tangible growth. This requires a steady flow of venture capital throughout their growth trajectory. But as we've seen, capital alone is not enough.

Two other factors come into play in combination: First, founders will choose to locate their start-ups in an environment that best nurtures their ideas. If Germany burdens them from the start with overly complex and glacial administrative processes that prevent them from quickly establishing a simple legal structure, they will inevitably look for more favorable locations.

Second, investor confidence in a company is heavily influenced by the size of the market in which it operates. For many investors, Germany simply does not offer a large enough market. To address this, a much more European approach and action with a focus on finally completing the single market, especially in the digital space, is crucial. This would also strengthen the start-up ecosystem. Scalability is paramount, especially in the digital economy. To drive this, the European market needs to become a single end-to-end market in critical areas like digitalization and finance. Only then will we have a better chance of effectively competing with the established single markets of the US and China.

The German government's recent start-up strategy has nevertheless recognized the importance of fostering this sector. Initiatives such as the Future Fund, the DeepTech & Climate Fund (DTCF), and the expansion of the High-Tech Start-up Fund (HTGF) demonstrate a commitment to increasing venture capital investment in Germany. Germany's and the EU's particular chance lies in leveraging technology-driven start-ups that capitalize on our existing robust industrial infrastructure. The development of key technologies and deep-tech hardware in particular requires significant capital investment over long periods of time due to the inherent risk.

DeepTech start-ups therefore require special support from both investors and government. This includes access to "patient capital," which allows for longer funding periods and accommodates the higher funding volumes needed to weather the extended periods of losses inherent in the R&D phase of a start-up's life-cycle. To ensure that venture capital reaches those start-ups that are ready to grow, we need to provide attractive exit options for investors. Supplementing traditional IPOs with alternative avenues, such as Special Purpose Acquisition Companies (SPACs), would create a more diversified exit landscape.

Encouraging established firms to invest in start-ups requires fostering a more investment-friendly business environment. Policymakers can help by adjusting tax regulations, for example by making it easier to raise capital. The draft Future Financing Act (ZuFinG) proposes significant improvements for employee ownership in start-ups. This is good news for the German start-up scene and Germany as a tech hub. By offering more financially competitive employee ownership structures, German start-ups can finally compete on a level playing field in the global war for talent.

While Germany has a history of successful incremental innovation over the last decades, the current landscape demands a focus on disruptive innovation to catch up in the race for cutting-edge technology. The transformation of international economic relations is being driven by fierce competition for the control of key technologies. Germany currently lacks a robust strategy for disruptive innovation and targeted support for key technologies, which requires a joint effort by government, academia, and industry.

Yet, accelerating the pace of innovation is critical to achieving leadership here. Policymakers in particular need to move more quickly and streamline coordination efforts across the various departments and agencies involved in innovation policy, ideally at the highest level. As mentioned above, a more European-centric approach is essential in policymaking. Germany needs to take a more proactive role as a pioneer and visionary leader in the European context, anticipating and proactively initiating and driving critical issues for both Germany and Europe as a whole.

Utilizing European instruments such as IPCEIs (Important Projects of Common European Interest) and ensuring the rapid allocation of available funds to companies are important steps for policymakers to take in this direction. In addition, it is necessary to revise state aid law in the area of key technologies to make it more flexible and ensure that it doesn't trigger a subsidy race. Furthermore, it would be beneficial to address gray areas in antitrust law with regard to corporate cooperation.

Yet, a fundamental challenge to German innovation policy remains unsolved: the still current lack of a comprehensive strategy for innovation and the key technologies required for it. Such a strategy would need to unify the various existing policy initiatives and translate them into a coherent whole. Currently, each ministry operates within the established departmental system, essentially formulating its own independent policies. While the Future Strategy for Research and Innovation takes several steps towards a more mission-oriented innovation policy, these steps are far too hesitant. The six individual missions outlined in the strategy, while rightly addressing critical contemporary challenges, lack a clear focus on the achievement of established goals. Instead, they seem excessively preoccupied with reviewing existing policy activities that are already core responsibilities of the federal government.

Achieving the 188 ambitious goals outlined in the mission also depends on one critical factor: key technologies. However, the current strategy lacks a clear identification and collaboration with industry on these technologies. To drive the necessary transformation, a medium- and long-term stakeholder activation plan is essential. The current future strategy still falls far short of its intended role as a guiding compass for German innovation. Such a compass can only be implemented with a criteria-driven selection process to prioritize key technologies. This requires a collaborative effort between government and enterprises, using a bottom-up approach.

And to emphasize once again, state financial support is undeniably important, but it's only half the story. German industry is responsible for two-thirds of national research spending. Promoting innovation policy therefore requires close cooperation with the private sector. Joint feasibility studies and the definition of common goals represent crucial steps here. The current non-binding consultations with the business community as participating stakeholders as part of the future strategy are a positive step in this direction, but they are not enough.

In addition to financial resources, it is equally important to remove barriers to innovation. This includes: Sharpening the focus of missions. They need clear, measurable goals outlined in mission-specific roadmaps. Using Real Labs as regulatory sandboxes to support mission goals. Establishing clear, pro-innovation rules for the use of research data is urgently needed that allow companies to innovate and invest. Synergies between military and civilian research must and can be achieved in a much more targeted manner. And last but not least, prioritization of a massive digital push within the public sector.

The current uncertainties in fiscal policy make it all the more important to take immediate action to finally make the adjustments required to promote efficiency and reduce complexity. A modern, digital public administration is a key locational factor for businesses and society to meet the significant challenges they face now and in the future. Achieving the agreed climate targets therefore requires a major transformation of German and European industry. This goes beyond the expansion of renewable energy sources and the gas and electricity grids. Companies will also need to significantly overhaul their industrial infrastructure and production facilities. Unfortunately, the labyrinthine complexity and glacial pace of Germany's planning and approval processes are ill-equipped to handle this impending wave of applications.

Companies looking to invest in new facilities are hamstrung by bureaucratic red tape. Every change in production and innovations such as the generation of hydrogen or implementation of hydrogen-based technologies to upgrading filters or energy sources, requires a permit. Industry projections estimate that the number of approvals will double by 2030, resulting in a staggering 20,000 additional applications. It is clear that drastically reducing the complexity and turnaround time of these administrative procedures is paramount.

The Pact for Accelerating Planning, Approval and Implementation, adopted on November 6, 2023, offers promising solutions to significantly accelerate the approval process for all industrial facilities. The proposals outlined in the Pact, including the introduction of cut-off dates for incorporating legislative changes into ongoing planning and approval applications, increased use of notification procedures, the introduction of approval fictions and tighter deadlines, as well as improved options for early project initiation and optional discussion forums, are all welcome steps.

But this is simply not enough. A great deal more has to happen. The digital transformation of public administration has the potential to make a significant difference here, especially in light of the growing shortages of highly trained staff in government agencies. As early as September 2000, by the German government under Chancellor Gerhard Schröder planned to digitize all online government services by the end of 2005. Fast forward to 2024, and despite numerous eGovernment initiatives, only a fraction (167 out of 575) of the services defined by the government in the Online Access Act (OZG) are available digitally nationwide.

The Organizational Account, designed to streamline administrative processes for businesses, is virtually nonexistent outside of Bremen and Bavaria. According to a survey of BDI members, less than half of companies are even aware of the account, and only 15% use it. Conservative estimates suggest that a nationwide implementation of the Organizational Account, coupled with the modernization of registers and the "once only" principle, could save German industry a staggering 60.3 million euro. Not surprisingly, 85% of businesses consider the nationwide implementation of the Organizational Account to be either urgent or even very urgent.

Despite its potential benefits, the digitalization of public administration in Germany remains sluggish. And the 2024 federal budget delivers another blow: Only 113.3 million euro will be allocated to the Ministry of the Interior for administrative digitalization in 2024, a significant decrease from the 377 million euro allocated in 2023. This raises concerns about the viability of implementing one-size-fits-all solutions across the board as planned. But the bigger challenge goes beyond funding: A patchwork of digital solutions across federal and state governments threatens to widen the digital divide rather than bridge it.

The lack of a national developer platform, unified architecture, and standardized interfaces and protocols is a significant barrier to this. The Online Access Amendment Act (OZGÄndG) could reverse the trend as far as interfaces and standards are concerned if the federal and state governments implement the standards it proposes quickly.

The Online Access Act of 2017 mandated the digitalization of more than 6,000 individual government services by federal, state, and local authorities by the end of 2022. The extension to the end of 2023 served as a compromise between these entities, recognizing the nascent stage of comprehensive digitalization efforts. However, significant funding remained and remains unspent and the widespread roll out of individual digital projects is far from complete. The Online Access Act Digital Government Implementation Dashboard paints a worrying picture. While three out of four steps for digitalizing plant permits and approvals have been achieved, there is still a long way to go before the system is rolled out across the country and ready for use by businesses. The sluggish pace of government digitalization stems from the cumbersome collaboration between the federal and state governments and a lack of decisive leadership and commitment.

For many years, Germany's public administration enjoyed a reputation for reliability and legal fortitude that fostered confidence in the country as a place to do business. However, this very system is now hindering the crucial digital and green transformation and shows a decline in confidence in the state's ability to adapt and thrive, as recent public opinion polls show. Targets were missed because of the lack of a central driver between federal, state, and local governments capable of driving the project forward.

Business leaders overwhelmingly cite a lack of cooperation between states (77%) and between the federal and state governments (69%) as the biggest obstacle to efficient and rapid government digitalization. A set of common architectural principles, standards, and interfaces must be established, along with a concerted effort to modernize and consolidate government registries in order to finally realize the full potential of administrative modernization across the country. In addition, parochial concerns of individual states, such as the insistence on displaying their own coat of arms on websites, must be consigned to the past. They represent a massive obstacle to the digital and green transformation of the country.

The precarious state of the German economy is no longer a secret in the political sphere. The time for diagnosis is over because the gaps in knowledge should have been filled long ago. Now is the time for action. The goal of achieving sustainable global competitiveness faces a significant obstacle: the current atmosphere of uncertainty in fiscal policy. This challenge demands a rapid solution through close cooperation between political and business leaders. Beyond financial considerations, a renewed push is needed to accelerate innovation and investment in Germany. It is imperative that government and administration quickly become more streamlined and digital. This would provide a significant tailwind to unleash the full potential of market forces. The German economy is weighed down by unnecessary constraints that stifle its innovative capacity. By removing this ballast, we can open up new avenues for growth. Everything must be done to foster a vibrant entrepreneurial spirit within our social market economy, nurturing a culture of innovation, and creating space for the exploration of fresh ideas.

Sustainable Flying – From Vision to Reality

by Daniel Wiegand and Tom Enders*

Tackling climate change is setting the agenda for business and society like no other issue in the 21st century. Decarbonization, i.e., reducing or, if possible, eliminating greenhouse gas emissions, represents one of the key strategic goals for almost all industry enterprises. And significant progress is being made in implementing these measures in some cases.

However, the requirements for operating in a sustainable and, if possible, zero-emissions manner vary greatly depending on the industry concerned. The cement industry, which is responsible for about seven percent of global carbon dioxide emissions, is one of the most challenging sectors. Another critical sector is the aviation industry.

Although it accounts for only two to three percent of the world's carbon emissions at the end of 2023, its impact on the climate is far greater. This is down to two factors: First of all, most of the exhaust gases are emitted at high altitudes. Secondly, there are the condensation trails that come from jet aircraft. This is "only" water vapor that freezes to ice clouds at temperatures of about minus 104 degrees Fahrenheit at an altitude of 33,000 feet which, however, further exacerbates the greenhouse effect.

Studies estimate that aviation is responsible for between four and six percent of the world's total climate impact. In industrialized nations, however, the figure is much higher.

*Daniel Wiegand is co-founder and board member of the aviation company Lilium. Tom Enders held management positions at Airbus/EADS for many years and is now a member of the Supervisory Board or Board of Directors of Lufthansa, Linde, General Electric, and Lilium.

Analyses show an eight percent climate impact for the UK, for example. It is also likely to be higher than average in other developed countries as well. There is already a great deal of pressure on airlines and aircraft manufacturers to reduce emissions.

And it is only going to increase in the years to come. As other industries succeed in improving their carbon footprint – and many of them, such as the automobile industry, have already made impressive progress – the aviation industry's share will automatically increase. What's more, as the industry continues to grow around the world and as air travel becomes more widespread, especially in Asia, the number of aircraft and the number of flight movements will continue to grow at a virtually unstoppable pace. Experts predict that the number of air miles flown will double by 2050. The result will be a doubling of the industry's carbon and climate problems. In 10 to 15 years at the latest, aviation's share of greenhouse gas emissions could be in the double digits, and in worst-case scenarios, it could be as high as 50 percent if other industries succeed in dramatically reducing their emissions over the long term.

The industry is well aware of the environmental challenges it faces. The International Air Transport Association (IATA) and the International Civil Aviation Organization (ICAO) have set a goal of flying with net-zero carbon emissions by 2050. How to achieve climate neutrality in aviation has been discussed at countless industry conferences. A key consensus is that decarbonization, or removing greenhouse gas emissions, is more difficult to achieve in aviation than in any other industry.

Although the response of the industry has been to develop more efficient, lower-consumption engines, the associated savings in carbon emissions risk being offset by global market growth.

Consequently, the emissions problem will likely worsen. For this reason, the primary focus of the industry is to replace environmentally harmful kerosene with other sustainable fuels, such as e-fuels/synfuels or Sustainable Aviation Fuel (SAF). It is easy to see why the aviation industry prefers these options as a solution, as solving the emissions problem in this way would ensure that the value of existing technologies is retained. The airlines would be able to continue to use their existing fleets, including engines and aircraft designs.

However, both e-fuels/synfuels and SAF are more likely to be partial solutions that would be difficult or prohibitively expensive to implement at scale. E-fuels can be produced from carbon dioxide and water with the help of large amounts of electrical energy. However, their production and use involve several conversion steps during which a great deal of energy is lost. As a result, the energy balance is very poor. When converted to passenger air miles, the energy efficiency of e-fuels – with green electricity as the primary energy source – is only 13 percent up to the engine. There is also a supply problem. Since green hydrogen does not exist and there is no way to capture carbon from the atmosphere now or in the foreseeable future, the ingredients for producing e-fuels on a large scale are missing. The European Union has banned the use of e-fuels in cars because of these drawbacks.

Even if e-fuels or SAF were to become available on a large scale in the future, they would only be able to avoid carbon emissions in the aviation sector. All other climate impacts – which account for half of aviation's climate impact today – would remain unaddressed.

It is also likely that the scarcity of available resources will continue to prevent the widespread use of SAFs for the foreseeable future. The biomass required to mass-produce SAF is simply not available. Moreover, the production of SAFs at the expense of food production has been criticized by NGOs and other lobby groups. The result of this is that in practice, SAF can only be added to kerosene in homeopathic doses of a few percent. This is far too little to make more than a marginal contribution to the decarbonization of aviation.

More than e-fuels and SAF, technological innovations offer greater potential for solving the emissions problem. Two variants are already in advanced stages of development: Hydrogen combined with fuel cells and battery-powered aviation.

Compared to e-fuels, for example, hydrogen-powered aircraft come closer to the zero-emissions dream. When (green!) hydrogen is processed in fuel cells, there are no carbon emissions and no condensation trails. However, most current projects involve burning hydrogen in engines, which creates condensation trails and the associated greenhouse effect.

The use of hydrogen also has some limitations. For example, the volumetric energy density of liquid hydrogen is only about one-fourth that of kerosene. As a result, the range of liquid hydrogen-powered aircraft is currently limited to a maximum of 1,864 mi. Most of the hydrogen-powered aircraft currently being designed will have even less range. The need for an almost entirely new infrastructure is another major drawback of this technology. Airlines would need entirely new fleets. In addition, fueling stations and distribution networks would have to be established on the ground.

Battery-electric flight has a more favorable cost-benefit analysis. It has by far the highest primary energy efficiency of any sustainable alternative fuel. About 75 percent is converted to propulsion power (compared to 25 percent for hydrogen and 13 percent for e-fuels/synfuels). Carsten Spohr, CEO of Lufthansa, summed up the dramatic nature of these figures: At a conference in Berlin in September 2023, Spohr said, "To produce enough (e-fuels) propellants, we would need about half of all the electricity in Germany." The other half would need to be reserved for the other airlines operating in Germany. E-/Synfuels can therefore only make a small contribution as an admixture to kerosene.

Battery-electric propulsion is the most environmentally friendly and cost-effective form of aviation because there are no emissions during flight. The relatively high energy efficiency of the battery is the main reason for its cost advantage. This is also due to the fact that very little energy is lost during charging.

One of the most commonly cited drawbacks of this technology is that current batteries can only store relatively small amounts of energy. As a result, range is still very limited. Today's battery cells have only one-sixteenth to one-twentieth the energy density of a kilogram of kerosene. While conventional airplanes can fly up to 10,000 miles, today's batteries are only good for 370 to 621 miles. However, battery-powered aircraft already have the advantage of more efficient use of battery energy (90 percent efficiency in the propulsion system) than the gas turbine (50 percent efficiency). This is where the potential for the future lies.

That is why it is a mistake to evaluate electric aircraft on the basis of today's battery technology. Over the past 20 years, the energy density of batteries, and therefore their range, has increased by six to seven percent per year.

An electric aircraft being developed today would realistically enter the market in 2032, be in production for ten years, and then be in service for about 20 years. The battery technology of the years 2032 to 2050 would therefore be relevant for the evaluation of such an aircraft.

And the industry is moving fast. In 2023, batteries with a capacity of 550 watt-hours per pound (Wh/lb) represented the standard, but it is expected that batteries with twice that energy density will soon be available. The global industry leader CATL in China announced at the end of 2023 that it will soon launch a battery that will reach up to about 1,102 Wh/lb.

A number of ongoing research projects are expected to lead to further increases in energy density. In the laboratory, about 1,543 Wh/lb has already been exceeded. Scientists have identified theoretical limits of about 7,050 Wh/lb for lithium-sulfur batteries and about 24,250 Wh/lb for lithium-air batteries. The latter could theoretically store as much energy as kerosene. But these are still research projects, and it will probably take 15 to 20 years before they are ready for the market. But one thing is clear: batteries are still a long way from reaching their full energy potential. In recent years, huge amounts of money have been invested in battery development. Typically, battery energy-density records in research are translated into industrial production six to eight years later.

For the use of electric aircraft, this development is very important. A range of about 684 mi can be achieved with a battery capacity of about 1,543 Wh/lb. The range increases to a staggering 1,242 mi with about 2,425 Wh/lb batteries. Such batteries will become a reality by 2040 to 2050 at the latest, even with a conservative estimate of "only" 4.5 percent annual improvement.

It is clear that improvements in battery performance will be a major step forward in the potential applications for electric aircraft. With a range of around 1,242 mi, more than 80 percent of the world's flights could be electrified. This is because most air travel takes place within continents. Highly frequented routes such as Frankfurt – Mallorca (approx. 764 miles), Munich – London (less than 590 miles), Paris – Berlin (less than 560 miles), or Zurich – Stockholm (approx. 932 miles) are ideal applications for electric aircraft. The same is true for flying domestically within the Americas or Asia.

Of course, long-haul flights cover much larger distances. Electrifying 80 percent of flights with a battery range of up to 1,242 mi represents about 50 percent of total passenger miles. As a result, this means that using electric aircraft can decarbonize and carbon-neutralize 50 percent of aviation in the foreseeable future, which is a massive leap forward. This is especially true since 50 percent is by no means the upper limit in the long run.

If 40 percent of today's ticket price is spent on energy, and if batteries are six times more efficient than electric fuel, or three times more efficient than hydrogen, then battery-powered airplanes will eventually offer lower ticket prices.

Several companies have been working on battery electric aircraft for years in the United States, China and Europe, including Lilium. These are now well underway, and Lilium is fortunate enough to be leading the way. Preparations for our first battery electric aircraft, a six-seat vertical takeoff and landing aircraft, are nearing completion. The jet, which is ideal for feeder flights up to around 250 mi, is currently undergoing final assembly. This will be followed by extensive system integration testing of the engines, power systems, and other components.

The maiden flight for the certification aircraft is scheduled to take place at the end of 2024. An additional 800 to 1,000 flight hours will then be required as part of the certification process. With six aircraft in the certification process, the Lilium Jet will be the first electric jet in the world to be certified. We expect the first deliveries to our customers in 2026. Our competitors also aim to have their first aircraft certified and in service within a similar timeframe.

The Lilium vertical takeoff and landing aircraft is an important stepping stone for our development engineers as we move toward the electrification of aviation. This knowledge is now being used in the preparation of a second, much larger, electric aircraft. This will be a conventional take-off and landing aircraft for 70–90 passengers. Equipped with a pressurized cabin, it will fly at Mach 0.7 (about 537 mph) at an altitude of about 33,000 feet with a range of about 1,242 mi, making it ideal for intracontinental use by 2050. This electric aircraft is expected to launch in ten years.

Both types of aircraft are equipped with battery packs that can be replaced with the latest generation of batteries after approximately 1,500 cycles. In practical terms, this means that the aircraft will have a greater range and/or will be able to carry more weight or more passengers. This continuous integration of technological advances into the existing fleet is also a source of value enhancement. Unlike conventional kerosene-powered aircraft, which depreciate from the start, electric aircraft will increase in value – at least for a few years.

Of course, the concept of sustainability applies not only to the flight itself but also to the battery. From its manufacture, to its charging with green electricity, to its recycling.

This should also be achievable within the next 10 to 15 years. For example, world leader CATL has committed to producing 100 percent carbon-neutral battery cells by 2035. The same applies to the production of electric aircraft: Just as industry is supplied with green electricity, an aircraft, and all its components can also be produced sustainably.

Compared to the alternatives of e-fuels, SAF, and hydrogen, the technical and economic advantages of battery-electric propulsion make it the logical answer to the question of how to achieve zero-emissions flying. In as little as ten years, a growing share of regional air travel will be able to be served by electric aircraft. We at Lilium want to be a part of this and see excellent opportunities for this technology.

Sustainable flying is on the horizon. From vision to reality is only a matter of ten or fifteen years.

Our Mission at MAN: “To Decarbonize Road Haulage”

by Frederik Zohm*

One of the basic requirements for a thriving, highly developed economy is a continuous flow of goods. A division-of-labor and export-oriented industrial society like Germany's would not be able to compete internationally without a smoothly functioning logistics chain and reliable just-in-time delivery.

The volume of goods handled is impressive: According to the Federal Statistical Office of Germany, more than 3.641 billion metric tons of goods were transported by land (road, rail), water, and air in Germany in 2022, with road transport accounting for by far the largest share at around 3.1 billion metric tons. This means that road haulage accounts for around 85 percent of freight transport in Germany.

And it will continue to grow. The German Federal Ministry of Transport and Digital Infrastructure forecasts an increase in transport services from 679 billion metric tonne-kilometers in 2019 to 990 billion in 2051. More than 54 percent of this projected increase will be accounted for by trucks. Rail freight is expected to grow by only a third, while waterborne freight will stagnate, according to the ministry.

Given this, it is clear that the transportation and commercial vehicle industry has a major responsibility to help protect the climate. And it is a challenge that we have accepted.

*Frederik Zohm is Executive Board member for Research & Development at MAN Truck & Bus SE.

By taking measures to reduce emissions along the entire value chain and product life cycle, MAN, as one of Europe's largest commercial vehicle manufacturers, is committed to switching to commercial vehicles that run on greenhouse gas-free fuels and to decarbonizing production. To successfully manage this transformation, we have initiated a comprehensive and systematic change management process that touches nearly every area of our business.

Our mission to "decarbonize road haulage" goes to the heart of our business. In order to successfully turn the tide of climate change, it is essential to start directly with the more than three million registered trucks in Germany. Most of them are powered by internal combustion engines and supply industry, commerce, and the entire population with the goods and raw materials they need on a daily basis. A 40-tonne long-haul truck today averages 5 to 7 gallons of diesel approximately every 60 miles. This translates into greenhouse gas emissions of approximately 86 million metric tons of carbon equivalents per year for the total number of heavy trucks. These figures highlight the need for action in the industry.

For the carbon footprint of MAN Truck & Bus, this means that more than 96 percent of our annual greenhouse gas emissions occur in Scope 3, i.e. during the use phase of our products. So our focus is clear: We need to provide our customers with carbon-free power trains for their industries as quickly as possible.

[1] Source: https://bmdv.bund.de/SharedDocs/DE/Pressemitteilungen/2023/017-wissing-pk-verkehrsentwicklung-deutschland.html

Getting there requires transforming the entire commercial vehicle industry. This process is already well underway at our company: The MAN plant in Nuremberg, which can look back on a 180-year tradition of manufacturing combustion engines, will in future have the capacity to produce more than 100,000 battery systems per year, thus ensuring battery production "Made in Bavaria". To this end, we are investing around 100 million euro in the Nuremberg plant and thus in jobs in the region.

In addition to our goal of decarbonization, our transformation is driven by the needs of our customers. We know that total cost of ownership (TCO) is the most important consideration in the transportation industry when buying a long-haul truck. After all, the transportation of goods has to be cost-effective for the carrier. Only if the carbon-free truck is in no way inferior to its diesel counterpart in terms of cost, practicality, and usability, but also in terms of compatibility with a wide range of body solutions, can the nationwide switch to carbon-free mobility in the commercial vehicle sector be successful. The truck is an investment, and transportation companies simply cannot afford financial or functional limitations in the transition to alternative power trains.

Over the past few years, we have invested a significant amount of research and development into finding practical solutions for the transition of our portfolio to zero-emission technologies. We have already made good progress in this direction: Since the fall of 2023, MAN has been offering heavy-duty electric trucks with a range of up to 500 miles per day. The range will soon be extended to up to about 620 miles. A powerful megawatt standard charger provides fast intermediate recharging during the 45-minute mandatory driving break for truck drivers.

The MAN eTruck is just as versatile as today's diesel trucks in terms of applications and possible body concepts: Whether as a classic semitrailer for long-distance refrigerated food transport, as an agile three-axle chassis for low-noise, emission-free urban waste disposal, or as an all-electric chassis and trailer for transporting materials to construction sites. A modular battery concept with six, five, four, or three battery packs can reduce the vehicle weight by up to 2.4 metric tons. This means more available payload and lower energy consumption in partial load or empty operation.

Battery electric vehicles are already a viable technology for carbon-free commercial fleets due to low operating costs, such as the elimination of tolls, and tank-to-wheel energy efficiency that is about twice that of today's internal combustion trucks. And, of course, we are always on the lookout for additional improvements. For example, to provide a degree of independence and cost benefits in energy use, photovoltaic systems could be used to generate electricity on the carrier's premises.

In the short term, electrifying road haulage seems to be the preferred option for achieving zero emissions. This is because the technology has made enormous strides in recent years. In all-electric trucks, for example, about 75 percent of the energy used to drive the vehicle goes directly to the battery electric drive. A conventional internal combustion engine uses only 15 percent of its output energy. The hydrogen internal combustion truck falls somewhere in between, with 25 percent of the output energy still going to the hydrogen engine.

For this reason, in addition to various specialized applications such as ships, heavy agricultural and construction equipment, power generators, and combined heat and power plants, hydrogen internal combustion engines also represent a viable option for heavy road haulage.

It is important to emphasize that hydrogen combustion technology is not a competitor to battery electric vehicles. Rather, it is a complementary solution: Both technologies have their specific advantages, and their combination could increase the diversity of sustainable transportation. The hydrogen combustion truck can therefore be considered as an alternative to conventional diesel trucks and as a complement to battery-electric trucks, especially for very heavy applications or particularly long ranges.

While battery-electric trucks are expected to become significantly less expensive in the foreseeable future, green hydrogen has the potential to become an attractive source of energy if its price becomes competitive and the appropriate infrastructure is developed quickly.

However, key policy initiatives are needed for market acceptance and for alternative power trains to effectively cover all possible transportation application scenarios. Currently, hydrogen internal combustion engine trucks do not receive the same tax treatment as fuel cell trucks. A temporary exemption from energy taxes for hydrogen-powered trucks would therefore make sense. This would not only encourage companies to switch to these technologies, but it would also help reduce the currently high operating costs and accelerate the market introduction of hydrogen combustion engine trucks.

Of course, decarbonizing road haulage can only succeed if, in addition to the product itself, the truck, the framework for using alternative power trains is in place. A key factor in the successful introduction of fully electric trucks and buses is a suitable and comprehensive charging infrastructure for commercial vehicles, including outside the company premises.

Unfortunately, this is where the future of alternative power train heavy-duty vehicles is still very cloudy. Not only in Germany, but in all European countries, there is a lack of renewable energy and fast charging stations, but also a lack of space to build charging stations, especially along major transportation corridors. The backlog is huge: By 2030, Germany will need at least 10,000 public truck charging stations, including at least 4,000 fast-charging stations. These need to be built in sufficient numbers, especially along the highways, so that truck drivers can make the most of their mandatory rest periods to recharge their vehicles.

The task of building this infrastructure cannot be the primary responsibility of commercial vehicle manufacturers or the transport companies themselves. It is first and foremost the responsibility of politicians and the energy industry. However, our industry is committed to being a force for good in terms of both ideas and action. As part of the TRATON GROUP, MAN is already working with the Volvo Group and Daimler Trucks in the Milence joint venture, which has the goal of building at least 1,700 high-power and megawatt charging stations for commercial vehicles throughout Europe.

Energy production also has some catching up to do. An estimated 350,000 electric trucks are expected to be on European roads by 2030. This will require an additional 37 terawatt hours of electricity per year to power them. It would take about 7,000 wind turbines to generate that amount of green power.

The expansion of wind power must therefore be accelerated. Only if all-electric commercial vehicles are powered by electricity from renewable sources will they be able to make the best possible contribution to the reduction of carbon emissions. With the current electricity mix in Germany, only half of the potential savings are achievable at best.

Another obstacle to decarbonizing road haulage is the volatility and lack of sustainability of government funding policies. Following the decision by the German government at the beginning of 2024 not to extend the "Climate-friendly Commercial Vehicles and Infrastructure" (KsNI) scheme, there is currently no planning security for reliable and effective government purchase subsidies similar to those in the passenger car sector.

It is important to understand here that electric trucks are about two and a half times more expensive than comparable diesel trucks. It is simply not possible to achieve parity in initial costs between conventional diesel and electric trucks. The same goes for the predominantly midsize trucking industry. Already struggling with the rising costs of diesel and road tolls, it is nearly impossible for these companies to make the necessary investments in zero-emission vehicle alternatives on their own. An appropriate support program is therefore essential if road haulage is to successfully contribute to the fight against climate change.

This is especially true given the particular significance of the decarbonizing effect of electric trucks on local and regional transport. With its manageable daily mileage of around 125 miles per day, it is virtually predestined for the transition to electric mobility.

But even here, the rapid transition to alternative power trains has stalled. Many carriers have been reluctant to move beyond pilot projects with electric trucks due to the slow expansion of base load power grids to logistics terminals, distribution centers, and depots.

At the same time, there is an urgent need to significantly speed up and reduce bureaucracy in the planning of the construction of public fast-charging infrastructure, including the expansion of the grid and the increase in parking spaces for commercial vehicles. Unfortunately, policymakers have jeopardized the achievement of their own climate goals by (so far) creating the wrong conditions for a successful and, above all, accelerated transition to alternative power trains.

The resources required for this could certainly be mobilized. For example, a significant portion of the large additional revenues generated by the increased diesel toll and the Fuel Emissions Trading Act, which together amount to approximately 9 billion euro per year, could be reinvested to accelerate the transformation of road freight transport to lower-emission power trains. A coordinated and practical approach by the German government in dialog with the various user groups, the manufacturing industry, and the energy sector would be extremely helpful.

The road to decarbonizing road haulage may be long and winding, but the route is now clear for all stakeholders. And it can be done, even as freight volumes continue to grow. Politics and business must now pull together if we are to achieve our ambitious climate goals in Germany.

MAN is ready to meet this challenge. As a commercial vehicle manufacturer, we have already done our homework and are ready to go with a product portfolio that works in practice. It is now up to policymakers to set the course for the successful decarbonization of road haulage, with bold investments in alternative power train infrastructure and greater planning certainty for industry players.

About the authors:

Nikolaus von Bomhard is Chairman of the Supervisory Board of the insurance group Munich Re and the logistics company DHL Group. Von Bomhard studied law at the Universities of Munich and Regensburg. He then joined Munich Re, then known as Münchener Rück, in 1985. Von Bomhard was appointed to the Board of Management at the beginning of 2000 and four years later he was promoted to Chairman of the Board of Management. He held this position until the Annual General Meeting in 2017.

Eckhard Cordes is Chairman of the Supervisory Board of industrial services provider Bilfinger SE. He is also a partner at the Swedish investment company Cevian Capital. Cordes studied business administration at the University of Hamburg and subsequently completed his doctorate. He began his career in 1976 at Daimler-Benz (now Daimler), where he held various operational and strategic management positions. Cordes was appointed to the Daimler Board of Management in 1996. His responsibilities there included strategy, investments and the Mercedes Car Group. In 2006, Cordes became Chairman of the Management Board of the Haniel family group, and one year later he also took over as Chairman of the Management Board of the Metro retail group, of which Haniel was a major shareholder at the time.

Jochen Eickholt has been Chief Executive Officer of Siemens Gamesa Renewable Energy, one of the world's largest manufacturers of wind turbines, since March 2022. Eickholt studied electrical engineering at RWTH Aachen University and the Imperial College of Science, Technology and Medicine in London. After graduating as an engineer, he completed his doctorate at the Fraunhofer Institute for Production Technology in Aachen. He began his career at Siemens in 1999, where he held various management positions. From 2012 to 2017, he was CEO of Siemens Mobility,

and in 2017 he took over the management of the project to integrate Mobility Siemens Alstom for Siemens AG. He was subsequently Chairman and Managing Partner of Siemens Portfolio Companies. In April 2020, he became a member of the Managing Board of Siemens Energy AG responsible for the Generation and Industrial Applications business areas as well as for Asia-Pacific and China.

Thomas Enders held leading positions at the European aerospace company EADS/Airbus for many years, including Chief Executive Officer (CEO) of EADS' defense division from 2000 to 2005 and Co-CEO of the EADS Group from 2005 to 2007. In 2007, he took over the position of CEO of the civil aircraft division of Airbus. From 2012 to 2019 he was CEO of Airbus Group (formerly EADS Group). Enders studied economics, politics and history in Bonn and Los Angeles. His doctoral thesis was on the foreign and security policy of the SPD. From 1982 to 1985 he was an assistant in the German Bundestag. Between 1985 and 1989, he worked in foreign and security policy think tanks before becoming a member of the planning staff at the Federal Ministry of Defense in 1989. From there he moved to MBB/Dasa in 1991. He worked there until 1999 as Head of Strategy and Head of the Defense Division. After leaving Airbus, Enders became a member of the Supervisory Board of Deutsche Lufthansa, a member of the Board of Directors of Linde plc, General Electric, Helsing NV, and Chairman of Lilium. He has also held the office of President of the German Council on Foreign Relations in Berlin since 2019.

Joachim Faber can look back on a career spanning decades in international high finance. In 1984 the lawyer with a doctorate in public administration began his professional career at the major American bank Citicorp in the German branch in Frankfurt/Main. Ten years later, he was promoted to head of the bank's capital markets business in Europe, North America, and Japan. In 1997, Faber moved to the German insurance group Allianz, initially as Chief Financial Officer of Allianz Versicherungs-AG. Three years later, he was promoted to Chairman of the Board of Management of Allianz Asset Management AG and at the same time to the Group Board of Management of Allianz SE. Faber left Allianz at the end of 2011 and became a Multi-Supervisory Board member. He was a member of the Supervisory Board of Deutsche Börse for eleven years, including eight years as its Chairman. Today, Faber is a Board Member of Investcorp Holding and Chairman of the Supervisory Board of Harald-Quandt-Holding. He also holds several honorary positions, for example as Chairman of the Board of Trustees of the German Cancer Aid Foundation.

Leonhard Fischer is an internationally recognized capital market expert and creative thought leader in international finance. After studying economics in Germany and the USA, he began his career in investment banking at the major American bank JP Morgan. At the age of 36, Fischer became a member of the Board of Management at Dresdner Bank, and shortly afterwards also at Allianz. In 2002, Fischer moved to the Swiss insurer Winterthur as CEO and to the Executive Board of Credit Suisse. He then headed the investment company BHF Kleinwort Benson until 2016 and was a member of the Board of Directors of the international commodities group Glencore until 2021. Today, Fischer is a member of the Board of Directors and Head of the Investment Committee of Zukunftsfonds, a broadly investing mixed fund.

Stefan Grosch has been labor director and member of the Board of Management at Robert Bosch GmbH, the management body of the Bosch technology group, since April 2023. He is responsible for human resources and social affairs, as well as occupational safety, environmental protection and sustainability, legal affairs, compliance management, and taxes, and the Bosch business in India and the Southeast Asia region. Born in the Rhineland, he started his career at Bosch in Controlling after studying Business Administration at the University of Cologne and ESADE in Barcelona. This was followed by management roles in the Spain and Brazil regions, Group Controlling, Corporate Auditing, and the Automotive Steering division, among others.

Melanie Kreis has been a member of the Board of Management of the global logistics company DHL Group since 2014 and is responsible for finance. Kreis studied physics with a Master's degree from the State University of New York at Stony Brook, USA, and a degree in physics from the University of Bonn. She later completed an MBA program at the Insead Business School in Fontainebleau. Kreis began her professional career in 1997 as a management consultant at McKinsey & Company before moving to the private equity firm Apax Partners in 2000. She has worked for the DHL Group since 2004.

Hubert Lienhard was Chairman of the Corporate Board of Management of Voith GmbH & Co. KGaA for ten years until 2018 and a member of the Supervisory Board and Shareholders' Committee until 2022. He is currently a member of the Supervisory Boards of EnBW, Heraeus Holding, SMS Holding, and Siemens Energy. He was Chairman of the Asia-Pacific Committee of German Business from 2015 to 2020. For many years, Lienhard was a member of the Board of the East Asian Association and the Closer Board of the German Engineering Federation. Lienhard studied chemistry at the University of Karlsruhe and subsequently obtained a doctorate in engineering. Born in Triberg, he began his career in 1981 at the plant engineering company Lurgi. In 1989 he moved to ABB, where he was appointed to the Executive Board of ABB AG Germany in 1994 and two years later to the Board of Management of the power plant division of ABB Ltd. in Zurich. In 2001, Lienhard moved to the Board of Management of Voith.

Siegfried Russwurm was born in Marktgraitz in June 1963. In 1988, he completed his studies in production engineering at the University of Erlangen-Nuremberg with a degree in engineering. There he completed his doctorate at the Chair of Technical Mechanics. In 1992, he joined Siemens AG, where he held various management positions in the medical and industrial business in Germany and Sweden. In 2008, he became a member of the Managing Board of Siemens AG, where he served until March 2017. During this time, he was responsible for all industrial topics, as Chief Technology Officer for Technology, for Healthcare, and for Human Resources. Russwurm is active on various supervisory boards. Among other things, since March 2019 he has been Chairman of the Shareholders' Committee and the Supervisory Board of Voith GmbH & Co. KGaA and was elected Chairman of the Supervisory Board of Thyssenkrupp AG in October 2019. He has been President of the Federation of German Industries (BDI) since 2021.

Daniel Wiegand (born 1985) is Chief Engineer for Innovation and Future Programs at the aviation company Lilium. Wiegand founded Lilium together with three other engineers and doctoral students from the Technical University of Munich in 2015. He was Lilium's first CEO until October 2022. The Munich-based company is now one of the international pioneers of electric flying. In 2017, the MIT Technology Review honored Wiegand with the "Under 35 Innovator of the Year" award. Wiegand was already fascinated by flying as a schoolboy, which is why he obtained his gliding license at the age of 14. He won a prize in the "Jugend forscht" competition for the design of a particularly aerodynamic wing.

Frederik Zohm is Chief Research and Development Officer at MAN Truck & Bus SE in Munich. Zohm completed his doctorate at the Technical University of Aachen, where he had previously studied production technology and industrial engineering. He also earned an MBA from the University of St. Gallen. Zohm started his career at a university-affiliated consultancy in Aachen. In 2005 he joined Daimler, where he held various positions in the truck sector, including at EvoBus, Mitsubishi Fuso, and Rolls Royce Power Systems, in which Daimler had a stake at the time. In 2017, he moved to Volkswagen Truck & Bus AG, where he headed up Alliance Management for the strategic partnership with US truck manufacturer Navistar. In the same year, he was appointed to the Executive Board of MAN Truck & Bus SE.

About the editors:

Stefan Bornheim studied International Management, Finance and Economics at universities in the USA, Spain and Switzerland and completed his doctorate in St. Gallen, supported by a scholarship from the Swiss National Science Foundation (SNSF). He then taught and researched for several years at the Research Center for International Management at the University of St. Gallen (HSG). He also worked for the Mitchell Madison Group as a consultant and engagement manager before founding and later successfully selling the e-commerce company 4Cast AG. He is also the founder and Managing Partner of the management consultancy TSBC GmbH and can look back on almost 25 years of international board and supervisory board consulting experience. With TSBC, he initiated the format of the CEO and Board Roundtable, as well as the Fact-Based Future Dialog.

Frederik Sonner studied philosophy and economics in Munich and New York. He then began his career at the Jesuit Institute for Philosophy & Leadership in Munich. After more than 10 years as a consultant and principal, he has been a Partner and Managing Director of the management consultancy TSBC GmbH since January 2024.